さかな三昧

港町で評判の魚がうまい店

静岡 SHIZUOKA

相模湾、駿河湾、遠州灘、そして汽水湖の浜名湖。
海に面した静岡県には、大小50近い漁港が点在する。
そしてそこには決まって、地元住民に評判の魚のうまい店がある。
港町なのだから、鮮度がいいのは当たり前。
地元の魚を熟知する料理人は、
おいしさを引き出す技も持っている。
ご当地ならではのとっておきに出合えたら最高だ。
本当にうまい魚を求めて港町へ。では早速！

contents

港町で評判の魚がうまい店

さかな三昧

●情報は2018年5月末現在のものです。価格、定休日、営業時間、掲載の料理等は変更になる場合があります。
●掲載店の価格表示は、税込を基本としています。
●年末年始、GWの休みは省略しています。

●印は漁港、掲載店のエリアを示しています。

地元ブランド Local Brand

ぶらり歩こう！港町

港町の絶対食べたい地元飯

港町のお土産を買うならココ

Aichi
Shizuoka
新静岡
静岡
静岡
藤枝岡部
焼津
用宗
473
1
新東名
高速道路
島田金谷
浜松いなさJCT
浜松いなさ
気賀
257
三ヶ日JCT
三ヶ日
152
浜松浜北
森掛川
焼津
吉田
掛川
相良牧之原
大井川
舘山寺
浜松西
浜松
磐田
袋井
掛川
菊川
東名
高速道路
吉田
浜名湖
雄踏
浜松
新居
舞阪
1
福田
遠州灘
150
御前崎

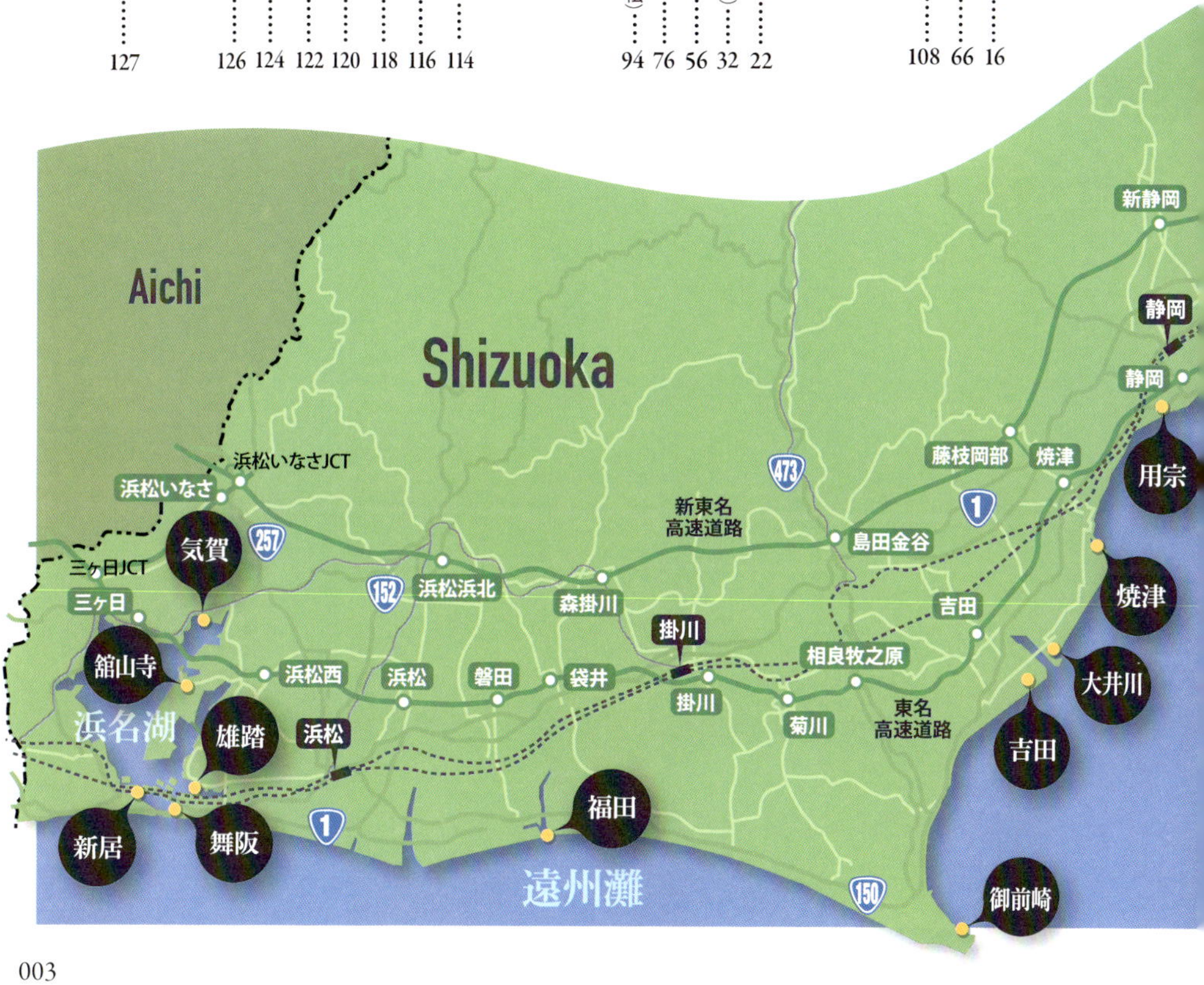

稲取

日戻り一本釣り。その銀色に輝く姿から、漁師は「ギンデエ」と呼んだ

【稲取キンメ】

稲取のキンメ漁の歴史は伊豆半島で最も古く、明治時代。当初はキンメの他、サンマやイカなどさまざまな魚を捕っていたが、伊豆急行線開通で観光客が増えたことから、キンメ専門の漁が行われるようになった。1本の幹糸に2m間隔に垂れ下がる針で1尾ずつ釣り上げる立縄漁だ。

現在操業するのは50隻弱。潮の流れや魚群探知機を見ながら各々の漁場へ向かい、朝4時、1回目の投縄を皮切りに漁が始まる。1回の投縄で許されるのは1つの仕掛けに40本の針（サンマを付けた時は15本）を付けた仕掛け2つまで。イカやサンマなど餌の種類や食い付きのいい切り方など、漁師それぞれが独自の仕掛けを作る。立縄漁は魚体へのダメージが少なく、釣り上げたキンメが銀色に輝いていることから昔の漁師は「ギンデエ」と呼んでいた。昼ごろに港に戻り、水揚げ後すぐに氷水で冷却。荷造りを終え夕方には出荷し、翌朝には小田原や東京などの消費地市場に並ぶ。

地元ブランド
Local Brand

inatori kinme

1.鮮度を保つため外気に触れないよう氷水で保存　**2.**一本釣りの立縄漁　**3.**脂の多いハダカイワシやソコチヒロエビを餌に育つため脂がのる。背中と腹に厚みがあるものがおいしいとされる　**4·5.**漁獲後すぐに氷温に近い温度で保持し、その日のうちに水揚げする　**6.**大きさなど選別し次々と荷造りする　**7.**ブランド認定の証し「稲取キンメ」のタグ

1 2 3 4 5 6 7

天気次第で作業が決まる
潮風がうま味を熟成させるキンメの干物

水揚げされたキンメの中でも600~800gの小さいものは、直売所などで販売する干物に加工される。自然乾燥で作るため、すべては天気次第。数日間の天気予報を確認し作業に入る。水揚げ翌日の身が落ち着いた生をさばき、濃度7~8%の塩水に1時間、やや低めの濃度で長めに漬けることで脂が多い身にも塩分が浸透するのだそう。乾燥時間は3時間だが、直接日に当てる時間は身の変色を防ぐためごくわずか。後は港を通り抜ける潮風がうま味を熟成してくれる。

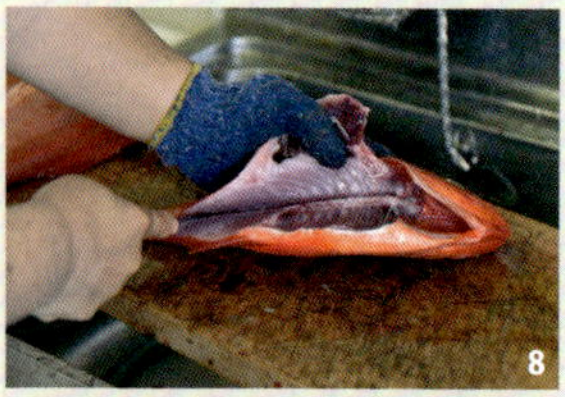

8

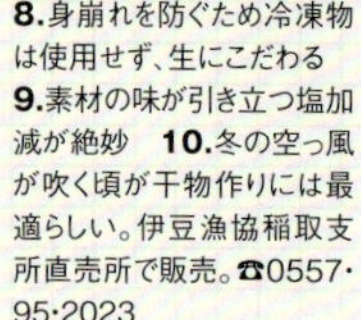

9

10

8.身崩れを防ぐため冷凍物は使用せず、生にこだわる　9.素材の味が引き立つ塩加減が絶妙　10.冬の空っ風が吹く頃が干物作りには最適らしい。伊豆漁協稲取支所直売所で販売。☎0557・95・2023

晴れの席を華やかに彩る祝いの魚「稲取キンメ」

「キンメがなきゃ始まらない」。昔から稲取では、正月、結婚式、出産祝いなどの時には、2匹のキンメを腹合わせにした姿煮が「祝いの魚」として登場した。家庭で煮付けやみそ漬けにすることも多く、脂がのっているため、甘辛く濃いめの味付けが一般的。産卵前の6月ころは一番脂がのり、漁師の間では塩焼きも人気だ。1kg数千円もの高値が付くブランド魚を、新鮮かつリーズナブルに味わうなら、やはり稲取に出掛けるしかない。

11.「きんめ鯛煮つけ膳」2484円。定番の煮付けの他、サラダにもキンメを使用 **12.**刺身、なめろう、ねぎとろの3種類がのる「きんめ鯛どんぶり」2646円 **13.**季節を問わず人気の「きんめ鯛しゃぶしゃぶ定食」1人前3024円

ここで食べられます

稲取漁港の目の前にあるキンメ料理の専門店。開店から20年余り、一貫して「稲取キンメ」にこだわり、仕入れは伊豆漁協稲取支所から。煮付け、刺身、しゃぶしゃぶ、なめろうなど多彩な料理を提供する。残った煮付けのたれはぜひご飯に掛けて。

きんめ処 なぶらとと

☎ 0557・95・5155
●賀茂郡東伊豆町稲取396
●営業／11:00〜15:00LO
●休み／火曜（祝日営業）
●交通／伊豆急行線伊豆稲取駅から徒歩約10分、東名沼津ICから車で約1時間半
●駐車場／あり

海が目の前にある、現役漁師が営む食事処。料理に使う魚介は、そのほとんどを自ら捕る。自然相手のため捕れる時ばかりではないが、毎日海の状態を見て夜が明けるや否や漁に出る。「新鮮なのは当たり前だよね。同じ海で捕っているから、よそと比べて特別おいしいことはないと思うけれど」。そう謙遜するのは店主の島田昌洋さん。いやいや地元の海を知る漁師が目利きをするのだから間違いない。ヒラメ、ホウボウ、カサゴ、アマダイ、イカなど季節ごとの地物が揚がり、生けすにはイセエビもスタンバイしている。

ぜひ味わってほしいのは、店主自慢の「まご茶」。しょうゆに漬けたアジのタタキをご飯にのせ、だしを掛けるお茶漬けで、「なぶら」と呼ばれる魚の群れを待つ間、船の上で食べる漁師めしだ。

実はこの店、源泉掛け流しの温泉展望風呂のある民宿、遊覧船、釣り船、夏は温泉シャワー付きの海の家も営む、伊東の海の観光なら何でもおまかせな、たのもしい存在。食事と合わせて海のレジャーを楽しんでは。

民宿や釣り船を利用してくれたお客さんなら、釣った魚の調理もするよ！

伊東の海ならおまかせ！
漁師が捕った海の幸を堪能しよう

はるひら丸

はるひらまる

☎ 0557・37・4250
- 伊東市松原本町1-14
- 営業／11:00〜19:30LO
- 休み／なし ※臨時休あり
- 交通／JR伊東駅から徒歩12分、東名沼津ICから車で約1時間
- 駐車場／あり

1.驚きのビッグサイズ！「いか姿造り定食」1944円 **2.**漁師気分でザザッとかき込みたい「あじのまご茶」1404円 **3.**伊東の定番料理「あじのたたき」972円 **4.**サザエのつぼ焼き、アワビやウニの刺身、天ぷら、シラス大根、自家製塩辛が並ぶ定食「磯」3564円

コレもおすすめ

- ◆活いか 2052円
- ◆刺身盛合せ 1512円
- ◆海鮮丼 1944円

3 1
4 2
はるひら丸

1

漁船の船泊りを目の前に望む、いとう漁協直営の食事処。「俺らが獲った魚しか食わさねぇ」「俺らが沖に行かねぇ時は魚がねぇよ」「俺らがおろした魚しか食わさねぇ」…(写真4参照)。これが、「波魚波」が掲げる六つの掟。伊東の海を愛し、その恵みにプライドを持つ漁師たちの熱い思いが込められている。

四季折々、魚種豊富ないとう漁協の年間漁獲量は6千t以上。提供する魚は、川奈と富戸に持つ自営の定置網に入ったものを中心に、漁師からも直接仕入れる。とびっきり新鮮な地魚が入手できるため、足が早く通常では生食が難しい魚や、数が少なく市場に出回らない未利用魚など、この店ならではの美味が登場する。とは言え、日によって捕れる魚は異なり、悪天候で漁がなければ提供すらできないのも事実。しかし自然相手のこのやり方こそ、ごまかしのない伊東の鮮魚を扱っている証しでもある。窓辺の席で青い海を眺めながら、漁師自慢の、伊東の旬魚を堪能しよう。

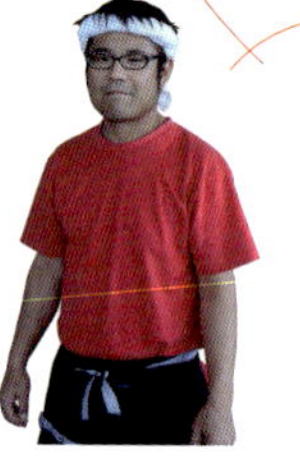

漁協直営だから
鮮度抜群。
伊東の地魚食べ
てって〜!

1.期間限定の塩辛など地元の名産品も販売　**2.**「黒潮定食」1850円。6種類ほどの刺身にフライが付いてボリューム満点　**3.**「ジオ丼定食」1500円は数量限定! この日のネタはアジ、イサキ、シラス、イカ。いろいろな魚を味わいたい人におすすめ　**4.**波魚波の掟　**5.**川奈の定置網漁

漁師のプライドにかけて「俺らがうめぇと思った魚しか出さねぇ」

いとう漁協直営 漁師めしや

波魚波

はとば

☎ 0557・38・3327
- 伊東市静海町13-9
- 営業／11:00〜15:00(14:00LO)
- 休み／火曜、臨時休あり
- 交通／JR伊東駅より徒歩約20分、東名沼津ICより車で約1時間
- 駐車場／あり

コレもおすすめ

◆波魚波定食(要予約)2160円〜

◆漁協まんぷく定食 1980円〜

◆朝獲れ生シラス丼 980円〜

2
波魚波の掟
俺らが獲った魚しか食わさねぇ
俺らがうめぇと思った魚しか出さねぇ
俺らが沖に行かねぇ時は魚がねぇよ
俺らがおろした魚しか食わさねぇ
俺らの海の景色も一緒に食いねぇ
俺ら、サーモン・イクラ・ウニは使わねぇ
4
5
3

鮮度のよさはお墨付き
まずは名物「下田地キンメ」を

市場の食堂
金目亭
きんめてい

☎ 0558・22・6314
- 下田市外ヶ岡1-1
- 営業／7:00～9:30、11:00～15:00
- 休み／火曜
- 交通／伊豆急行線下田駅から徒歩約10分、東名沼津ICから車で約2時間
- 駐車場／あり

1.店主は、市場と店の間を1日に何往復もする　2.大漁旗が飾られた店内からは海も見える　3.「金目三色丼」1400円　4.「あじ丼」600円。アジのタタキをショウガでさっぱりと　5.「極上金目煮付定食」1500円

下田港に揚がったキンメダイなどの魚介を一気に取り仕切る「下田魚市場」。知る人ぞ知る市場の食堂「金目亭」は、水揚げ、セリと早朝からにぎやかな声が飛び交う市場の構内にある。営業開始は朝7時。仕入れはもちろん、水揚げされたばかりの魚を目の前の市場から。手頃な価格で鮮度抜群の魚が提供できるのもそのためだ。

看板商品は店名にもうたっている下田産のキンメ。一番人気の「金目三色丼」は、自慢の高級ブランド「下田地キンメ」や、伊豆沖まで遠征し数日かけて下田港に戻る船の「沖キンメ」「平キンメ」などの地魚が日替わりで3種類のる贅沢丼だ。キンメの煮付け定食もファンが多く、朝限定の日替わり地魚丼「朝定食」もここでしか味わえない1杯。市場に響く活気あふれる音と、海から聞こえてくるのどかなカモメの声をBGMに、下田の幸を味わおう。

コレもおすすめ
- ◆金目姿煮定食 1800円
- ◆地魚刺身定食 1500円
- ◆組合長定食 2900円

【下田地キンメ】

漁場が近く、脂ののりと濃厚な味が自慢

キンメの水揚げ量日本一を誇る下田港。なかでも伊豆大島から神津島にかけての西側の海域で捕る日戻り一本釣りのものを「下田地キンメ」と呼ぶ。下田港から1時間半ほどと漁場が近いため鮮度の良さは言うまでもなく、水深300〜400mにすむため脂ののりが良く、味が濃い。キンメの中でも特に高級品として扱われている。刺身や煮付けが代表的な調理法だが「キンメコロッケ」などのB級グルメも生まれ、近年「金目鯛せんべい」などの加工品も増えている。

4

5

下田に生まれ育った生粋の下田っ子のオーナーが切り盛りする居酒屋。これまで培った経験を生かした技術とアイデアから生まれた創作料理は80種類以上。その味を目当てに観光客のみならず、地元客も足繁く通う。

港町の居酒屋は地魚が満載で、イチオシは下田が誇るキンメダイ。高級ブランドの地キンメはもちろん、沖キンメも船上ですぐさま活き締めにし、最高の鮮度と品質を維持。刺身、煮付けをはじめ、しゃぶしゃぶ、すし、串揚げ、ユッケ、カルパッチョ、アクアパッツァなど多彩な調理法で味わえる。いつでも気兼ねなく食べられるようにと、お手頃価格になっているのもうれしい。

さて、せっかく下田を訪れたのなら、地元「ひらたけ農園」で栽培された女性に大人気のクレソンや、「伊豆牛」「天城軍鶏」など伊豆の食材を使った料理も一緒に味わってはどうだろう。下田の地酒「黎明」、柑橘類が豊富な伊豆ならではの生搾りサワーなど、アルコールと共に下田の夜を楽しもう。

下田で行われる祭りやイベントなどにも積極的に参加しています!

1.ペリーロード近くの路地裏にある　2.「地金目鯛なめろう」850円。酒のアテに最適な漁師料理　3.「地金目鯛炙り寿司」(1貫)450円　4.「地金目鯛煮付け片身」2000～3000円。ホクホクとした食感　5･6.わさび、柚子胡椒、おろしだれで食べる「地金目鯛の焼しゃぶ」1380円

なめろう、焼きしゃぶ、すし、ユッケ 港町の居酒屋でキンメ三昧

開国厨房 なみなみ

☎0558・23・3302
- 下田市三丁目3-26
- 営業／17:00～23:00(22:00LO)
- 休み／不定休
- 交通／伊豆急行線下田駅から徒歩12分、東名沼津ICから車で約2時間
- 駐車場／あり

コレもおすすめ

- ◆伊豆牛のウニホタテ軍艦(2貫)800円
- ◆地金目鯛の串焼き(1本)350円
- ◆下田クレソンのにんにく醤油炒め700円

Let's Go!! ぶらり歩こう! 港町

下田 ひもの横丁界隈

アジ、イカ、カマス、キンメダイ…のどかな天日干し風景のある裏通り

みなと通りを北に入ったところにある「ひもの横丁」。昔、この通りの目の前に市場があったことから、干物店が並ぶようになった。晴れた日の朝、あちこちの店先で、アジ、スルメイカ、カマス、エボダイ、そして下田ならではのキンメダイの天日干しが始まる。

古い建物も、手作業にこだわる干物も 大人気の塩辛も、どれもみんな味わい深い

② 石亀水産 いしかめすいさん

築120年の趣ある建物が印象的な干物製造直売店。3代目となる現在も魚をさばく工程から、塩振り、天日干しまですべて手作業で丁寧に行っている。干物はもちろんだが、忘れてならないのが、下田ブランドに認定された甘口仕込みの「いか塩辛」。ぜひお試しを。

☎ 0558・22・0262
- 下田市二丁目7-18
- 営業／9:00〜17:00
- 休み／水曜
- 交通／伊豆急行線下田駅から徒歩10分、東名沼津ICから車で約2時間
- 駐車場／あり

1.「いか塩辛」800円。身が厚い日本海のイカを使用した「イカの一夜干し」700円

培った技術と歴史が作る伝統の味 うま味も脂ののりも申し分ない日戻りキンメを

① 小木曽商店 本店 おぎそしょうてん ほんてん

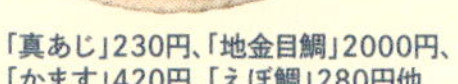
「真あじ」230円、「地金目鯛」2000円、「かます」420円、「えぼ鯛」280円他

創業は明治33年、缶詰業から始まった老舗。下田近海の日戻りキンメ、駿河湾のアマダイやカサゴの他、全国で水揚げされる厳選素材を使用。鮮度、うま味、脂ののりを追求した干物を販売。無添加の昔ながらの伝統製法で、塩のみで仕上げている。

☎ 0558・22・0154
- 下田市二丁目9-30
- 営業／8:30〜17:00
- 休み／1月1日
- 交通／伊豆急行線下田駅から徒歩10分、東名沼津ICから車で約2時間
- 駐車場／あり

脂ののったアジもおすすめです。

天日干し一筋。だから雨の日はお休み
ふんわりとした身を堪能しよう

④ 山田ひもの店 やまだひものてん

「アジ」
180円～

「キンメダイ」
2500円～

天日干しのみで作る干物を販売して約70年。ふっくらとした身が評判だが、その秘密は朝日に当てることだそう。マアジ、ムロアジ、キンメ、スルメイカの4種類だけしか扱わないというこだわりも魅力。雨や曇天の日は店を休みにすることもあるので要注意。

☎ 0558・22・2909
- 下田市二丁目5-17
- 営業／10:00～
- 休み／雨天時
- 交通／伊豆急行線下田駅から徒歩10分、東名沼津ICから車で約2時間
- 駐車場／あり

鮮魚仲卸しのプロが作る減塩干物
キンメ、マアジ、ムロアジ、みりん干しも人気

③ 山鶴魚問屋 やまつるうおどんや

3代目が切り盛りする魚問屋。卸・仲買業をしながら、その合間に加工業を始めたそうだが、今やここの干物を求め県外からも多くの観光客が訪れる。下田港に揚がるキンメの他、夏季は小サバ、秋・冬季には数日間天日干しするサンマ寒風干しも絶品。

☎ 0558・22・2131
- 下田市二丁目6-18
- 営業／8:00～17:00
- 休み／なし
- 交通／伊豆急行線下田駅から徒歩10分、東名沼津ICから車で約2時間
- 駐車場／あり

1.「キンメダイ」2000円、「サンマ」150円、「サバみりん干し」250円他

港町の人気鮮魚店

⑤ 渡辺水産 わたなべすいさん

大正9年創業。魚屋が目利きをした伊豆近海の地キンメをお土産に

「新鮮・うまい」をモットーにキンメを中心に旬の地魚を販売。プロが目利きをしたキンメの刺身、湯引きをぜひ一度味わって。みそ漬け、しゃぶしゃぶの他、炊き込みご飯の素などキンメのオリジナル商品はお土産にぴったり。骨からエキスまで、すべて味わい尽くすアイデア商品がそろう。

1.下田産の高品質「キンメダイ」時価 2.「金目鯛しゃぶしゃぶ」(かぶと付き)2100円 3.キンメの骨を丸ごと燻製した「スモークボーン」410円

☎ 0558・22・1169
- 下田市二丁目9-25
- 営業／9:00～17:00
- 休み／火曜
- 交通／伊豆急行線下田駅から徒歩10分、東名沼津ICから車で約2時間
- 駐車場／あり

1

千葉、三重に次ぐイセエビ漁獲量を誇る南伊豆町。この辺りのイセエビは流れの速い黒潮で育つため小振りながらギュッと身が締まり、その食感と甘みは格別！その上、9月中旬～5月中旬の漁期に捕ったものを漁協で畜養しているので、1年中食べられる。いざ、自慢の活イセエビを豪快にBBQで味わえる「伊豆漁協南伊豆支所直売所」へ。屋上にBBQコーナーがあり、直売所で魚介を購入し、後は用意されている炭焼きコンロで焼くだけだ。

直売所には他にも多彩な地元の海の幸が並び、中でもイチオシは須崎沖から神子元島沖の漁場で捕れる「地キンメ」。アカエビやホタルイカなどを食べているため脂がのっていて、「一度食べれば他の産地のものは食べられない」と地元住民は絶賛する。手軽な干物が販売されているのでこれも一緒に。もちろんサザエも外せない。屋上からは海はもちろん、日本の渚百選に選ばれた弓ケ浜の絶景も望める。潮風を感じながら磯の味覚を堪能しよう。

南伊豆産の新鮮な魚介をどこよりも安く提供します！

1.BBQ利用料1人500円（容器、割り箸、炭、調味料代含む）※小学生以下無料　**2.**「イセエビ」（1kg）9500円～ ※時価、「サザエ」（1kg）1785円～ ※1個150円くらい、「地きんめ鯛干物」3000円～ ※時価、「方貝ホタテ」（4枚）800円、「かに玉グラタン」（4個）480円　**3.**「アワビ」（1kg）1万3500円～ ※時価　**4.**「地キンメ」（1kg）3500円くらい～ ※時価

コレもおすすめ

◆天草（100g）540円

◆ふのり（35g）540円

◆ひじき（50g）540円

イセエビ、アワビ、サザエ、キンメダイ 海を眺めながら豪快&贅沢BBQ!

伊豆漁協 南伊豆支所直売所

いずぎょきょうみなみいずししょちょくばいじょ

☎ 0558・62・2804

- 賀茂郡南伊豆町手石877-17
- 営業／＜BBQ＞ 9:30～14:00（受付）、10:00～15::00 ※4/1～11/30の期間限定、＜販売＞8:30～16:30
- 休み／＜BBQ＞不定休（雨天、強風時は休み）、＜販売＞なし
- 交通／伊豆急行線下田駅からバス約20分、東名沼津ICから車で約2時間40分
- 駐車場／あり

「さざえめしの素」1080円、「浜だより（ひじき）」（50g）540円〜、「さらし天草」（50g）350円〜、「磯のめぐみ」（18g）430円〜、「地きんめ鯛干物」3000円〜、「伊勢海老ひらき」1600円〜

オレンジ色はおいしさの証し
大きさも味もスーパーS級！

青木さざえ店

あおきさざえてん

☎0558・62・0333
●賀茂郡南伊豆町湊894-53
●営業／8:30～18:00 ※土・日曜～19:00
●休み／なし
●交通／伊豆急行線下田駅からバス25分徒歩すぐ、東名沼津ICから車で約2時間
●駐車場／あり

店舗前には弓ケ浜海岸が広がる

サザエ、イセエビなどの海産物を伊豆各地の旅館に卸す他、一般販売もする専門店。食事処を併設し、自社畜養場に常時新鮮な海産物がスタンバイしているため、鮮度抜群の魚介料理がリーズナブルに味わえる。

名物のひとつ「下田S級サザエ」は、片手に収まらないほどのビッグサイズ。その大きさから大味かと思われがちだが、さにあらず！刺身にしてもやわらかく、適度な歯応えと風味豊かな味わいに驚く。神子元島周辺で育つサザエは、海藻を多く食べるため、身が濃いオレンジ色になるのも特徴。定食には地元で捕れた魚介の刺身やフライも付き、ボリュームもコスパも満点だ。ちょっと贅沢なイセエビの天丼や、煮アワビの丼なども好評で、食事処開店時からのロングセラーメニュー、イセエビが丸ごと入った「伊勢海老ラーメン」も見逃せない。売店で活きイセエビやサザエを購入し、テラスで浜風を感じながらBBQを楽しむのもおすすめ(雨天時は店内も可)。

「伊勢海老ラーメン」1520円

shimoda Skyu sazae

地元ブランド Local Brand

【下田S級サザエ】

豊かな漁場でうま味を蓄える超特大サザエ

弓ケ浜の沖合、神子元島周辺に生息する400g以上のサザエをいう。激しい黒潮の流れの中で育つ栄養分の高い海藻を食べ、6〜10年くらいで成長。通常の4倍以上の大きさになるものも。水深22m辺りまで潜る、潜水漁で一つ一つ捕られる。

1.食べ応え抜群の「S級さざえ定食」2300円。サザエは刺身かバター焼きかを選べる **2.**野菜の天ぷらものる「伊勢海老天丼」1860円 **3.**「あわび丼」1800円。やわらかな煮アワビを贅沢に

コレもおすすめ

◆海鮮バーベキュー 1テーブル 1080円＋食材代

◆刺身定食 1450円〜

◆伊勢エビ刺身 2500円〜

網代イカメンチ

イカの甘みとうま味がぎっしり
カリッ、プリッ！の食感が美味

［熱海・網代］

※「藤哲」では「イカメンチ定食」1080円で提供

江戸時代、網代には各地から多くの廻船が寄港し、「京大阪に江戸網代」と、大都市に肩を並び称されるほどにぎわっていたという。昔から漁業が盛んでアジやイカが多く捕れ、地元では刺身で食べることが多かったようだが、そのうちすり身にする調理法が広まった。すり身に刻んだ野菜を加えてつみれにし、揚げる、焼く、ゆでるなど工夫がなされ、家庭料理として定着。これが「イカメンチ」の由来だ。

最近はご当地グルメとして注目を浴び、網代地区の飲食店でも提供している。どの店もイカを使うのは同じだが、配合や食材、作り方が異なり、フライ、焼きなど店ごとに違った味わいが楽しめる。まずはそのままで、しょうゆ、ソースで、と食べ比べてみるのもいい。

地元直伝！クッキング

網代イカメンチ

イカとアジをミンチにして野菜もたっぷり
揚げたてをハフハフしながらビールを1杯

〈材料〉（20個分）

イカミンチ…200g
アジミンチ…100g
山芋（すり下ろし）、タマネギ、
ニンジン（みじん切り）…合わせて120g
調味料（砂糖、片栗粉、塩、
生姜しぼり汁、酒、うま味調味料）…適量
衣（パン粉、卵、揚げ油）…適量

〈作り方〉

①イカを適当な大きさに切り、フードプロセッサーに掛けて撹拌する
②さらにアジを加え撹拌し、山芋、タマネギ、ニンジンを順に加え混ぜる
③調味料を加え混ぜ、成形する
④溶き卵、パン粉を付けて165～170℃の油で5分揚げる

店ではテイクアウトも人気です（1個150円）。5個入りの冷凍もあるのでお試しください。

「藤哲」板長・小松正（まさし）さん

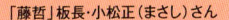

ここで食べられます

干物店から始まり50年以上続く食事処。網代港に揚がった新鮮な魚介の刺身やフライ、煮付けなどの定食がそろう。イチオシは網代の味が楽しめる「網代定食」。道を挟んだ土産店では干物や塩辛などを販売している。

浜料理 藤哲
ふじてつ

☎ 0557・67・1147
●熱海市網代627-93
●営業／9:00～17:00
●休み／なし
●交通／JR網代駅からバス約15分徒歩すぐ、東名沼津ICから車で約1時間
●駐車場／あり

イカメンチに刺身、小鉢などが付く「網代定食」1620円

大正から昭和初期にかけてイカやイワシ漁で栄えた下河津漁港。多くの船が着き、そこには漁師の番屋があった。「舟戸の番屋」という名は、そんな昔の光景を思い名付けられた。目の前の下河津漁港に揚がった地魚、イセエビ、サザエなどを使った料理が楽しめる町営の食堂だ。

キンメの煮付け、タカノハダイのみそ漬け、アジの干物定食の他、「伊勢えびラーメン」、ところてんなどバラエティーに富んだ海鮮メニューがそろう。中でも一番人気はBBQ。地元の漁師が素潜りで捕ったサザエや自家製アジの干物、イカ、有頭エビ、地場野菜を自分で焼いて食べる趣向だ。

食堂横にはイセエビの生けすもあり、天草やヒジキ、フノリといった海草や甘夏などの地場産品も販売。ところてん作り、塩作り、干物作りなどの体験もでき、目の前に雄大な海の景色が広がる源泉掛け流しの温泉（入浴料300円）も楽しめる。

食事、温泉、体験と、1日のんびり遊べる施設で〜す。

1.海を望む男性露天風呂 **2.**「海鮮バーベキュー」（1人）2000円〜 **3.**素潜りでサザエを捕る海女さん **4.**蒸したサザエとノリがたっぷりのった「サザエどんぶり　本ワサビ風味」1000円 **5.**「ところてん」（酢じょうゆ・黒蜜）各300円

漁師が捕ったサザエをBBQで 塩作り体験や温泉も楽しめる

舟戸の番屋

ふなどのばんや

☎0558・32・0432
●賀茂郡河津町見高358-2
●営業／10：00〜17：00LO
●休み／火曜 ※桜まつり（2/10〜3/10）期間中は営業
●交通／伊豆急行線今井浜海岸駅から徒歩7分、東名沼津ICから車で1時間25分
●駐車場／あり

コレもおすすめ

◆天草 300円

◆ワカメ（100g）500円

◆海のサラダ（ワカメ・ふのり・とさかのり）300円

イセエビが丸ごと1尾入った「伊勢
えびラーメン」1500円〜

名前は「いか様丼」なれど、
イカのうまさに、偽りなし!

西伊豆

伊豆漁協仁科支所
沖あがり食堂
おきあがりしょくどう

☎0558・52・0018
●賀茂郡西伊豆町仁科980-8
●営業/11:00～15:00 ※直売所8:00～16:00
●休み/火曜
●交通/伊豆箱根鉄道修善寺駅からバス約1時間 徒歩4分、東名沼津ICから車で1時間50分
●駐車場/あり

1

「いか様丼」に「イカス丼」。なんともユニークな名前の丼が評判の漁協直営店。海底近くのイカを静かに釣り上げるためイカにストレスがかからず、甘みの強いやわらかな身が特徴だ。

初夏に捕れるスルメイカは、活きの良さが特長で、成長途中のためやや小振りだが、透き通った身はほのかな甘みがあり、刺身で食べれば文句なしの絶品。盛夏には丸々と太り、肉厚な身は深い甘みを感じられる。短冊に切った刺身と漁師秘伝のたれに漬け込んだ沖漬けを一度に味わえる「いか様丼」がおすすめだ。

秋冬に旬を迎えるヤリイカは、肉厚でとろりとした甘みがある。希少価値が高く、市場への輸送にも活魚槽を使うなど特に丁寧に扱われる。歯切れの良さとうま味を生かした「ヤリイカ丼」で味わおう。セットに付く地元産フノリが入ったみそ汁も味わい深い。隣接の直売所で購入したイセエビやサザエを刺身やつぼ焼きにしてもらい(調理代別途)、白飯とみそ汁を付ければ定食風にも楽しめる。「船上沖干しイカ」や「いか様煮」といった加工品も人気だ。

イチオシの「いか様丼」(みそ汁、漬物付き)820円。黄身を崩して召し上がれ

【仁科のスルメイカ&ヤリイカ】

漁場は駿河湾の石花海。昼の一本釣りで揚がる

nishina no surumeika& yariika

地元ブランド Local Brand

古くからイカ漁が盛んな西伊豆・仁科では、船の灯りで誘い出す夜釣りではなく、昼に出港して一本釣りする。漁を行うのは、駿河湾の中央部にある水深約40mの浅瀬、石花海（せのうみ）。高低差のある豊かな漁場だ。全船に海水冷却器を導入し、より高品質な状態で水揚げされる。

1. 漁協のマスコット・大五郎が入り口でお出迎え **2.**「ヤリイカ丼」1300円。まずはしょうゆなしで、イカ本来の味を楽しんで **3.** 石花海を漁場に行われるイカ漁 **4.** 西伊豆産天草で作る「トコロテン」100円

コレもおすすめ

- ◆夕陽丼 820円
- ◆イカス丼 720円
- ◆かき揚げ丼 900円

タカアシガニ職人厳選の一匹を
刺身、蒸し、天ぷら、釜飯で味わい尽くす

網元光徳丸 食事処

かにや

☎ 0558・94・2235

●沼津市戸田354-3

●営業／10:30〜16:00LO、※売店8:00〜17:00

●休み／火曜、臨時休あり

●交通／伊豆箱根鉄道修善寺駅からバス約1時間徒歩2分、東名沼津ICから車で約1時間

●駐車場／あり

店で提供する他、民宿や飲食店への卸しも含め年間約2万匹のタカアシガニを扱う専門店。大きさがSNS映えすることもあり、最近は韓国やタイなどアジア圏の外国人も多く訪れ、人気は世界に広がりつつある。

「かにや」では多くの漁師から仕入れたカニを生けすで生かし、活きガニのみを使用。身入りのいいものを選び、注文が入ってから蒸す。ボイルではなく適切な時間で蒸すことでうま味、甘みが引き出されるそうだ。しかし生きている状態で身の入りや蒸し時間を判断するのは至難の業。自らを「タカアシガニ職人」と名乗る社長の山田隆継さんの目利きに委ねられている。

まずはそのまま何も付けずに。自家製の橘ポン酢やカニみそに付けて食べるのもいい。とろける食感と甘みが魅力の刺身、香り高い釜飯、3本の足がそびえ立つ天丼、タカアシガニがのった豚シュウマイも人気。

1

1.「高足ガニ釜めし定食」3240円。締めはかつおだしでお茶漬け風に　**2.**「高足ガニ刺身」+2160円 ※ボイル(蒸し)の単品コース1万6200円〜のうち、好みの足本数を刺身で提供。4本を刺身で、残りをボイルにすればどちらも堪能できておすすめ　**3.**「高足ガニシュウマイ」648円　**4.**「光徳天丼」3240円。刺身や茶碗蒸しなど小鉢も充実

コレもおすすめ

◆深海魚からあげ定食 1944円

◆煮魚定食（金目鯛）2376円

◆大漁海鮮丼 2376円

戸田名物、深海にすむ世界最大のカニ

【タカアシガニ】

水深200～300mの海底に生息する世界最大の甲殻類で、足を広げると3～4mに及ぶものも。漁は愛知県から神奈川県の間で行われているが、その8割を戸田地域で消費。漁期は9～5月（産卵期は禁漁）、底引き漁で捕る。旬は主に冬で、大きいものを食べたい人は冬が狙い目。脱皮直後より脱皮後しばらく経過したもの、筋肉質でないものがおいしいとされる。戸田では甲羅に怖い顔を描き、魔除け、厄除けとして飾る習慣がある。

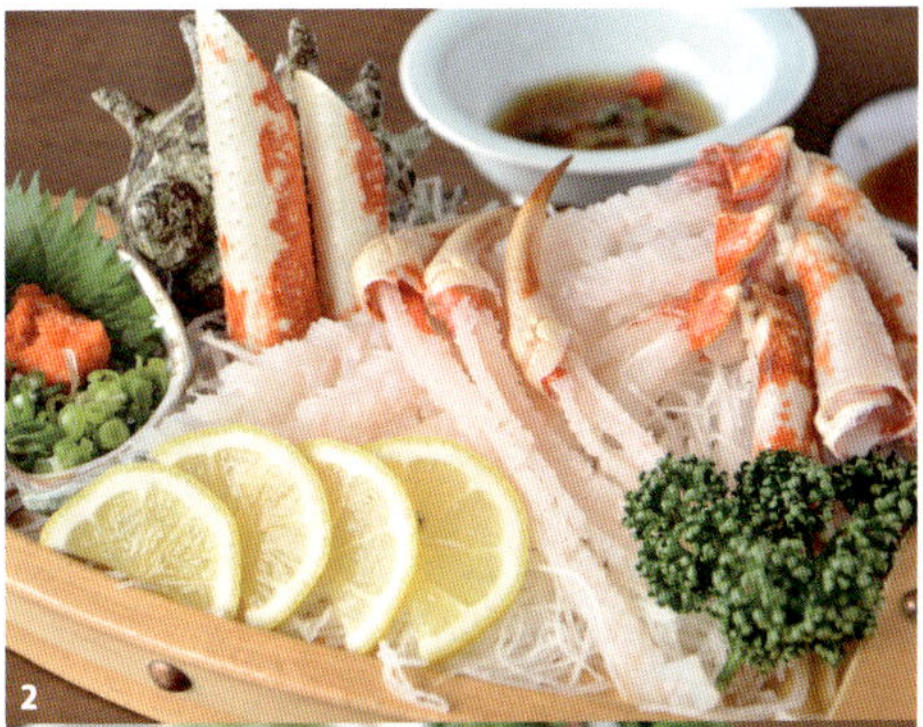

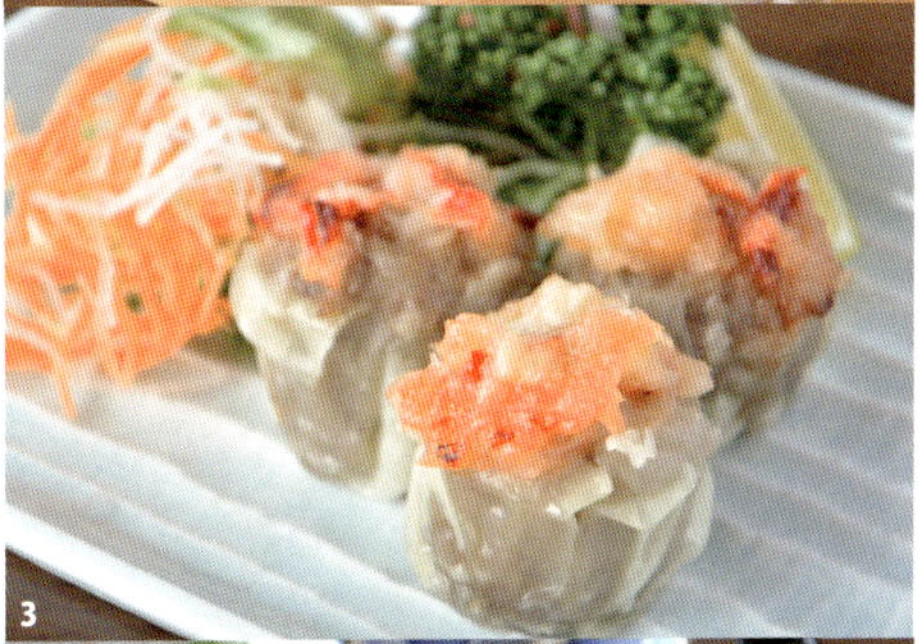

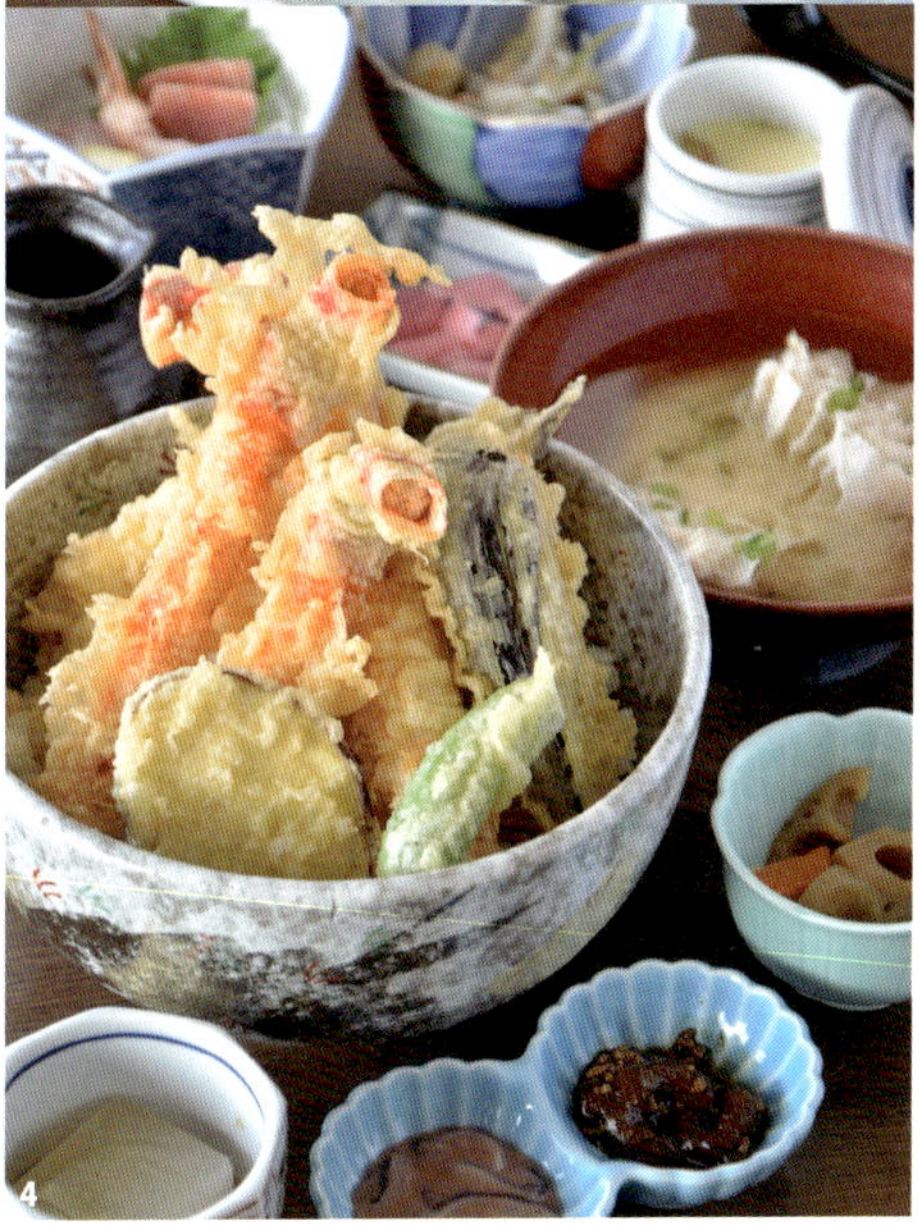

知って楽しい！ 食べておいしい！
奥が深い、戸田名物深海魚

丸吉食堂

まるきちしょくどう

戸田

☎0558・94・2355
●沼津市戸田566-2
●営業／11:00〜17:00 ※土・日曜、祝日10:30〜19:00
●休み／金曜
●交通／伊豆箱根鉄道修善寺駅からバス約1時間、東名沼津ICから車で約1時間半
●駐車場／あり

1船買いで仕入れる活「タカアシガニ」の料理もおすすめ

大正時代から底引き網漁が盛んだった戸田。網に入ったものの市場に出せない深海魚を、昔からこの辺りでは当たり前のように食べてきたという。しかし戸田港は今、深海魚の水揚げ港として脚光を浴び、ここ10年の間に深海魚目当てに訪れる客が急増。ゲホウやメギス、メヒカリ、ゴソ、ユメカサゴ、ドンコ、アカザエビ、デン、ホンエビなど、耳慣れない名前の魚介が評判を呼んでいる。

何を隠そう、店主の中島寿之さんも、20年前に丸吉食堂を引き継いだ頃には見たこともない魚にかなり驚いたそう。ところが今や、地元でも食べていなかった深海魚も使い、いろいろな調理法を開拓。生息場所や特性を解説したメニュー「深海魚の食べ物図鑑」まで作ってしまった。

店の一番人気は、身がやわらかい「カワヤッコ」の煮付け。あまりのおいしさに「うましの煮魚定食」と名付けた、リピーター続出の一品だ。うま味と甘みの強い「ホンエビ」も刺身、焼き、天ぷら…、どんな調理法でもおいしく食べられる。

深海をイメージしたという「どん底丼」1300円。2層になったメギスの天丼で、下段の天ぷらはたれ味、上は塩味

地元ブランド Local Brand

【戸田のホンエビ】

やわらかな身は刺身、塩焼き、天ぷらでも

長いヒゲ（触覚）が特徴で「ヒゲナガエビ」とも呼ばれる。光の届かない水深200〜600mの砂底に生息し、漁期は9〜5月。捕れたてはオレンジ色に透き通り、そのやわらかな身を刺身で食べれば間違いなくとりこになる。火を通しても硬くならないので、塩焼き、天ぷらにしてもいい。

コレもおすすめ

- ◆高足ガニ定食 1万368円
- ◆海鮮丼1404円
- ◆高足ガニコロッケ 540円

1. 上品な味わいの「本エビ刺身」1080円　**2.**「うましの煮魚定食」1944円　**3.** 殻ごと食べられる「本エビ塩焼き」1080円

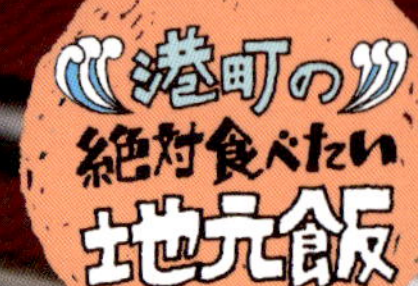

いけんだ煮味噌［下田・須崎］

地元の魚介を豪快に
江戸の昔から続く漁師鍋

「ごろさや」では「いけんだ煮味噌」（イセエビ付き）3300円、2人前〜で提供

下田市須崎の郷土料理で、網に掛かった魚介と野菜やワカメを、みそで味付けした鍋。「いけんだ」は須崎の「池の段」と呼ばれる地名が訛ったもので、その歴史は江戸時代までさかのぼる。漁師たちが早朝の浜でイセエビの刺し網を干し終えた後、大きな鍋を沸かし、捕れた魚介をみそで煮込んで食べたのが始まりとされる。現在は伝統料理として、この地方で行われる祭りなどで振る舞われる他、飲食店や宿泊施設でも提供される。

「ごろさや」では10～4月限定でメニューに登場し、自慢の特製だしには下田のショウジンガニやクロフジツボなど、3種類以上の磯の幸から取った磯汁を使用。仕入れによって替わる4～5種類の魚介に、キンメダイ、イセエビも入った豪華な鍋になっている。まさに魚介のうま味が詰まった下田の海の味だ。

地元直伝！クッキング

いけんだ煮味噌

魚介は何でもOK。キンメダイがあればぐっと豪華に寒い冬にぴったりのあったか料理

〈材料〉（約3人前）

魚介類…4～5種類
イセエビ…1尾
キンメダイ…半身
長ネギ・水菜などの野菜…適量
魚介だし…適量
みそ…適量

〈作り方〉

①野菜、魚介を食べやすい大きさに切る
②鍋にだし、具材、みそを入れる
③火にかけ煮込み、魚介に火が通り、野菜がやわらかくなるまで煮込む

魚介も、野菜も何を入れてもOK。後はみそで煮込むだけ。魚介がいい味を出してくれます。

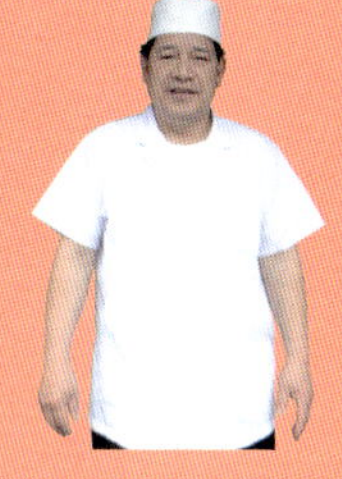

「ごろさや」店主・土屋忠弘さん

ここで食べられます

店名は先代の名前をもじった屋号「五郎三屋」（ごろさや）から。黒船来航の前から、約180年続く歴史ある店。四季折々、旬の食材の持ち味を生かした磯料理を提供し続けている。観光客だけでなく地元住民も御用達の店。

旬の味 ごろさや

☎ 0558・23・5638
●下田市一丁目5-25
●営業／11:30～14:00LO、17:00～21:00LO
●休み／木曜
●交通／伊豆急行線下田駅から徒歩5分、東名沼津ICから車で約2時間
●駐車場／あり

サザエ、エビ、アナゴの3種類が味わえる「海鮮しゅうまい」850円

沼津

海の生けすで育つ日本一の養殖アジ「活き」と「熟成」を食べ比べ

沼津内浦漁協直営

いけすや

☎055・943・9223
●沼津市内浦小海30-103
●営業／11:00～15:00 ※直売所9:00～16:00
●休み／水曜（祝日営業、翌日休み）
●交通／JR沼津駅からバス約30分徒歩約5分、伊豆中央道長岡北ICから車で約10分
●駐車場／あり

アジの養殖生産量日本一を誇る内浦漁協の直営店。看板商品のアジは内浦湾に作られた深い生けすで育てられ、アジに精通する熟練漁師の目利きで、うま味のピークを逃さず調理される。海の生けすから生きたまま食堂に運ばれ、さばくのだから、これ以上の鮮度はない。

おすすめは「二食感活あじ丼」。プリプリとした食感の締めたて活きアジと、前日に締めてやわらかくうま味が増した熟成アジの食べ比べができ、味の違いにきっと驚くはず。

そしてもう一つ外せないのが、「活あじフライ定食」。外はサクッ、身はふっくらした食感で、凝縮されたうま味が後を引く。県外客やリピーターも多く訪れる人気店のため、昼時などは行列必至だが、並んでも食べたい一品だ。14時過ぎなら少し空いてくるので、先に隣の直売所でお土産物を物色。漁協の加工場で作ったアジやサバの干物を購入してから食事するのもいい。

数量限定の「二食感活あじ丼」（みそ汁、漬物、小鉢付き）980円。右が活アジ、左が熟成アジ

地元ブランド Local Brand

uchiura maaji

【内浦マアジ】

脂ののった、肉厚で締まった身が自慢

沼津・内浦湾は、北から富士山の湧水、南から黒潮、伊豆の山々を水源とする狩野川が流れ込む、養殖に適した栄養豊富なエリア。海流にもまれて適度に脂がのった、肉厚で身の締まったアジへと成長する。この辺りの養殖マアジの歴史は古く、50年前にはすでに始まっていたという。

1.人気ナンバー1の「活あじフライ定食」980円 **2.**内浦湾で捕れた魚の干物も販売 **3.**港に出れば、アジの生けす、船着き場や市場が見渡せる

コレもおすすめ

- ◆活あじ丼 880円
- ◆漁師の本気のまご茶定食 980円
- ◆活あじのわさび葉寿司 980円

沼津市西浦でマダイの養殖を行うマルセイ水産直営の食事処。脂ののった上質なマダイの料理をリーズナブルに提供する専門店だ。人気の「鯛めし」はタイのだしで炊いた、うま味たっぷりの炊き込みご飯で、まずはそのまま、残りはだし茶漬けにするのもおすすめ。ランチの「眞鯛丼」にも使われている。タイ1匹を塩でくるみ蒸し焼きにする「塩釜焼き」はランチに+1000円で付けられる。贅沢に独り占めできるのがうれしい。他にも、定番の煮付けからカルパッチョ、クリームコロッケといった洋食系まで幅広い料理がそろう。

静岡県の地酒をはじめ、焼酎やワイン、カクテルなどアルコールも充実し、小料理屋のような落ち着いた雰囲気から、女性一人での来店も珍しくない。お酒を片手にマダイ尽くしのひとときを過ごそう。席に限りがあるため予約するのがおすすめだ。

1g当たり5円でマダイの販売もしていて、月2回開催する料理教室も好評。うろこを取るところから始まり、さばき方、調理、最後に料理も味わえる。

隔週日曜に料理教室を開催。自称「眞鯛伝道師」が伝授します！

1.ほぐし身がたっぷり入った「鯛めし」594円　**2.**たれが染み込んだ「姿煮付け」中1620円、大2700円　**3.**「塩釜焼き」中1620円、大2700円　**4.**塩コショウでシンプルに味付けした「鯛のから揚げ」864円　**5.**「鯛しゃぶ」1620円。だし汁に浸すのは5秒が目安。ふっくらとした身を味わって

直営ゆえにコスパ最強！
マダイ尽くしを存分に堪能あれ

眞鯛

まだい

☎ 055・913・0925

- 沼津市平町11-11
- 営業／11:30〜14:00（13:30LO）、18:00〜23:00（22:00LO）
- 休み／日曜
- 交通／JR沼津駅から徒歩8分、東名沼津ICから車で約15分
- 駐車場／なし

コレもおすすめ

- ◆鯛さしみ三種盛り 1620円
- ◆眞鯛丼 1000円
- ◆鯛のクリームコロッケ 648円

4 1
5 2
3

沼津港では珍しいとんかつ屋としてスタートして早36年。ところが、魚市場関係者からの要望で、刺身や煮魚などの魚料理が徐々に増え、気が付けば壁一面にずらりと貼られた魚メニューは50種類にも及ぶ。早朝4時半に店主の西原富治さんが沼津魚市場から仕入れた魚介の仕込みを始め、6時には開店。ひと仕事終えた市場関係者や早朝営業を狙って訪れる観光客が早速のれんをくぐる。

　数ある魚メニューの中でも特に人気なのは、分厚く切った11種類の刺身がのる彩り豊かな「にし与丼」と、サクサクの衣とふわっとした身の食感が後を引く「地アジフライ」。アジは5〜6月の脂がのった最もおいしい時期に大量に仕入れ、1年を通して変わらない味を提供している。

　さてどちらにしようか迷ったら、「魚河岸定食」をおすすめしたい。刺身も、アジフライもどちらも味わえる欲張り定食だ。ボリュームもあり、手間を惜しまず手作りにこだわる実直な味が好評。

まずは自慢のアジフライを食べてみて!

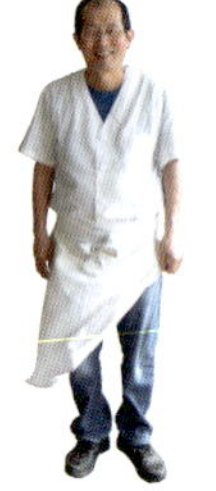

イチオシはアジフライ&刺身の「魚河岸定食」

にし与

にしよ

☎055・951・6041

●沼津市千本港町109
●営業／6:00〜15:00(14:50LO)
●休み／木曜
●交通／JR沼津駅からバス約10分徒歩5分、東名沼津ICから車で約30分
●駐車場／近隣にコインPあり

1.ちょっと贅沢な「にし与丼」1950円　**2.**実は一番人気の「魚河岸定食」1100円　**3.**「地あじフライ定食」1000円　**4.**通好みの「ぶりかま定食」1430円

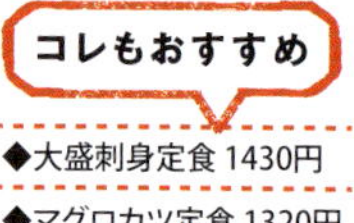

◆大盛刺身定食 1430円
◆マグロカツ定食 1320円
◆とんかつ定食 1450円

3 1
4 2

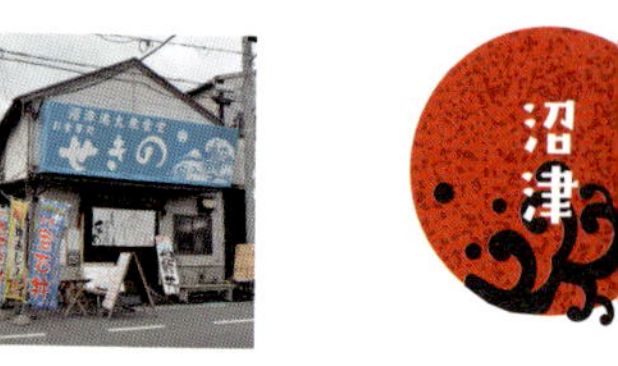

人の姿もまばらな早朝5時、軒先に掛けたのれんと共に、3代続く食堂の1日が始まる。沼津港飲食店街という場所柄、観光客が多いが、最近は朝ご飯目当てに、クラブなどで夜通し遊んだ後、県外の友人を連れて来店する若者も増えたという。ここに来れば朝から鮮度抜群の港めしが食べられるというわけだ。

写真映えする料理に出合える店としても評判で、例えば「御刺身盛定食」。店主すら盛り付けた数が分からなくなるほど、さまざまな刺身が色鮮やかに盛られ、しばし見とれる。キラキラ輝く魚介が散りばめられた「宝石丼」、7時から提供が始まる「地鯵丼」や「地あじフライ定食」には、干して揚げたアジの骨がそそり立ち、インパクト大！「ここじゃ新鮮なのは当たり前。魅せる料理が好き」とは店主の弁。出てきた料理を見て「わぁ」と驚いてもらいたいという思いから、あえてメニューに写真を載せていないのだそうだ。店主の遊び心でおいしさ倍増。記憶に残る味になること間違いなし。SNSにアップする!?

好みの定食や丼に人気のアジフライを単品注文する人が多いです。

1.「御刺身盛定食」1850円。15～16種類の魚介がのる　2.「地あじフライ定食」1000円。まずは何も付けずに食べてみて　3.漬けにした沼津産アジの「地鯵丼」950円　4.その日の仕入れでネタが変わる「宝石丼」1850円

新鮮なのは当たり前 そのビジュアルに、思わず「わぁ」

大衆食堂

せきの

コレもおすすめ

- ◆地鯵ユッケ丼 1450円
- ◆各種マグロ丼 1650円～
- ◆駿河丼 1750円

☎ 電話非公開
- 沼津市千本港町122
- 営業／5:00～15:00
- 休み／木曜
- 交通／JR沼津駅からバス8分徒歩5分、東名沼津ICから車で約30分
- 駐車場／あり

3 1
4 2

田子の浦

海から直送、市場の食堂だから
生シラスの鮮度の良さは、お墨付き

田子の浦港
漁協食堂

たごのうらこう ぎょきょうしょくどう

☎0545・61・1004
●富士市前田字新田866-6
●営業／10:30〜13:30 ※なくなり次第終了
●休み／2018年度は4/1〜12/28毎日営業
※8/13〜16は休み
●交通／JR富士駅からバス（日曜、祝日運休）約20分
徒歩すぐ、東名富士ICから車で約20分
●駐車場／あり

富士山を間近に望む富士・田子の浦。ここに揚がるシラスの最大の特色はなんといっても鮮度だ。一般的にシラス漁は大きな網を2隻で曳いて揚げるが、田子の浦では1艘曳きで行う。少量ずつ揚げてすぐに港へ戻るという方法で、効率は良くないが、大きな網を曳くよりもはるかに鮮度が保たれるという。その上、水揚げと同時に船上で素早く氷締めにし、溶けた氷水がたまらない仕組みを考案。プリプリのシラスが港に着く。

セリ場に設けられた食堂のメニューは、生シラス、釜揚げシラスの丼の他、しょうゆに漬け込んだ少し大きめの生シラスがのった「赤富士丼」など。どの丼にもシラスのみそ汁が付き、釜揚げ時のゆで汁をだしとして使っている。基本的に日曜は漁が休みだが、「生しらす丼」のために1隻だけ船が出るのでご安心を。港内では新鮮な刺身や三島馬鈴薯とコラボした「しらすコロッケ」なども販売しているので合わせて楽しもう。海を目の前に食事ができるのも魅力だ。

「赤富士丼」850円。生シラスのしょうゆ漬けに味付け卵黄を絡めて食すべし！

tagonourashirasu

地元ブランド Local Brand

【田子の浦シラス】

少量ずつ揚げてすぐに港へ。鮮度自慢のお宝

漁期は3月21日～1月14日まで。2艘曳きに比べ漁獲量は少ないが、田子の浦独自の1艘曳きという漁法で、網にも工夫を凝らし、シラスを傷つけることなく選別。新鮮なまま短時間に素早く水揚げする。6月に「しらす祭り」、秋には「しらす街道フェア」が開催される。

1.「ぷりぷり生しらす丼」750円　2.雪を頂いた富士山をイメージした「ぷりぷり生しらす丼富士山盛り」950円　3.生と釜揚げの「ハーフ丼」750円　4.漁場は港から15分ほどと近い

コレもおすすめ

◆日本一丼 1100円

◆親丼 900円

◆益マス丼 1100円

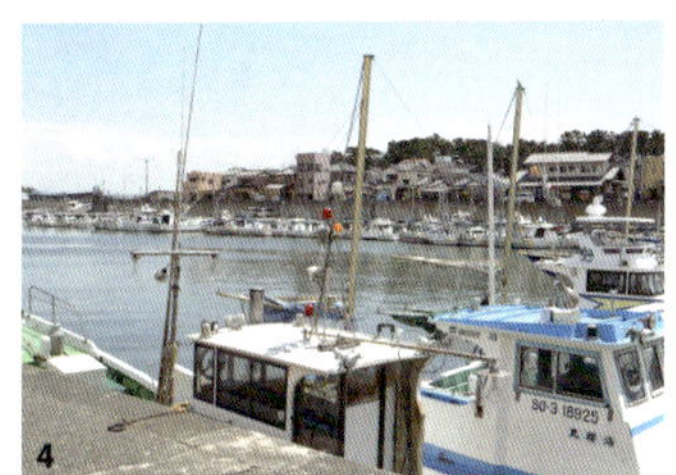

御前崎

御前崎沖の漁場で一本釣り
港が近いから鮮度の良さはどこにも負けない

【御前崎生かつお】

静岡県の最南端、御前崎。ここに水揚げされるカツオが、全国にその名を知られる「御前崎生かつお」だ。漁場は御前崎沖から八丈島辺りまで、漁法は一本釣り。漁場と港との距離が近いためすぐに水揚げができる。抜群の鮮度が最大の強みだ。

水揚げ量は年間1300〜2000t。漁期は1〜11月だが、御前崎漁港が最もにぎわうのは3〜5月の初ガツオのシーズン。脂が少なく、鮮やかな赤い身肌が特徴で、これを刺身で食べるのが、生ガツオの醍醐味だ。

取材の日の水揚げは7・5t。仲卸し、水産問屋、地元の魚店などが瞬く間にセリ落とし、静岡、浜松へ、遠くは東京・築地、名古屋、大阪の市場へと送られていった。早朝の水揚げから数時間後、静岡・浜松のスーパーなら昼には鮮魚コーナーに並ぶ。静岡県人がいかに鮮度のいいカツオを口にしているかがわかる。

1.早朝5:45に水揚げ開始。傷がつかないよう、丁寧にベルトコンベアにのせて運ばれる　**2.**水揚げされるや直ちに計量し、仕分けられる　**3.**7:00にセリが始まり、わずか15分ほどで終了※御前崎魚市場では毎年5月の最終土曜に「御前崎みなとかつお祭り」を開催。刺身の無料サービスの他、販売も行われる

omaezakinama
katsuo

地元
ブランド
Local Brand

2
3
1

伝統の「手火山式」の技が 極上の「御前崎かつお節」を作る

創業100余年、伝統の「手火山式焙乾製法」を3代に渡り受け継ぐ「マルミツ鰹節店」。使用するのはもちろん御前崎港に水揚げされた生の近海ガツオのみ。手火山式とは、焙乾に広葉樹の薪を使い、「直火といぶし」をゆっくり繰り返し作り上げる昔ながらの製法だ。かつお節作りに費やされる時間は約半年。いぶしと寝かせを繰り返した後にカビ付けし、15〜20日寝かせ天日干し。これを6〜7回繰り返しようやく完成する。

4.何十年と使い込まれたセイロが重なる直火の燻し窯　**5.**マルミツ鰹節店（☎0548·63·2154）で荒節800円〜、本枯節1200円〜、削り節400円〜が購入できる　**6.**かつお節作りは生カツオの頭と内臓を取り除く作業から始まる　**7.**ゆでて骨抜きをし、燻し作業へと入る　**8.**セイロの場所を1時間ごとに移動させ、均等に燻しをかける　**9.**マルミツのかつお節ファンには有名料亭など料理店が多い

10.分厚く切られた「初鰹刺身」1200円　11.「土佐作り」1200円。刺身と土佐作りを半分ずつ盛ることもできる　12.驚きの安さ!「鰹ハラモ焼」(1枚)100円

刺身からアラの煮付けまで余すところなくが御前崎流

「御前崎生かつお」の最もポピュラーな料理と言えば刺身。身質がやわらかく、初ガツオでもうっすら脂ののった腹側の雌節か、あっさりとして食べ応えのある背側・雄節かは好みが分かれるところ。一般家庭では1本買いすることも多く、軽く炙った「タタキ」の他、ハラモは塩焼きに、3枚に下ろした中骨やアラはしょうゆやみそで煮るなど余すところなく食べる。地元の人気店「みはる」の看板メニューもカツオで、これを目当てに訪れる客が多い。

ここで食べられます

カツオはもちろん、イサキ、カマス、タチウオ、クロムツなど御前崎の旬魚が味わえる。その日のおすすめ鮮魚がボードに記されているので入店したらまずチェックを。刺身も煮魚も楽しめる「みはる定食」、10種類ほどのネタがのる「海鮮丼」も人気。

海鮮料理 みはる

☎0548・63・5328
●御前崎市御前崎1099-3
●営業／11:00〜20:30LO ※土・日曜、祝日11:00〜14:00、17:00〜20:30LO
●休み／不定休
●交通／JR菊川駅からバス約1時間徒歩約20分、東名相良牧之原ICから車で25分
●駐車場／あり

まったりした食感と深いうま味
丸々太った「倉沢のアジ」を食す

すし処
銀太
ぎんた

☎054・375・5000
- 静岡市清水区由比今宿165
- 営業／11：00～20：00 ※月・木・金曜～14：00
- 休み／不定休
- 交通／JR由比駅から徒歩2分、東名清水ICから車で約15分
- 駐車場／あり

由比の名物といえば「サクラエビ」。だが、そのおいしさに引けを取らない希少なブランド魚がいることを知る人は案外少ない。食べてみたい！と思ったらここ「銀太」へ。

ショーケースをのぞくと、マグロがない。その代わりひときわ存在感を放っているのが、由比沖にすむ「倉沢のアジ」。ただし、いつもお目にかかれるとは限らない。取材日の1匹は、丸々太った体長30㎝ほどの大物。さっそくにぎりを口に運ぶと、まったりとした舌ざわりで、ほのかな甘さと凝縮されたうま味が広がる。魚を数日間寝かせることで、独特の食感とうま味を引き出す。これが店主・原敬さんがたどり着いたおいしく味わうための調理法だ。

「せっかく目の前が海なんだから、地の魚を食べてほしい」と話す店主のさらなるおすすめは、タイやヒラメなどの「地魚にぎり」。「桜えびフルコース」など、由比を満喫する献立がそろう。

1

1.「かき揚げ」桜えびフルコース3300円より。茶塩で食べるのが美味　2.倉沢の「鯵にぎり」(8貫)3000円　3.サクラエビと豆腐、ネギのすき焼き風「沖上がり」桜えびフルコースより　4.「地魚にぎり」(8貫)2000円。倉沢のアジ、サクラエビ、タチウオ、ヒラメ他

コレもおすすめ
◆お好み寿司 時価
◆沼太郎(ヌタウナギ) 時価 ※希少
◆はだか鰯 時価 ※希少

【倉沢のアジ】

由比沖に根付いた静岡県民!?のアジ

由比沖にすむアジのことで、「根付きのアジ」とも言う。本来アジは回遊魚だが、由比沖でサクラエビや深海魚のハダカイワシを食べ、居心地の良さか、エサのおいしさからかは分からないが、そのまま回遊をやめ、根付いてしまったというわけだ。大分県の有名な「関サバ」「関アジ」も同じ根付きの魚だ。定置網に入れば市場に並ぶが、近年は半年に30匹ほどしか水揚げされず、その希少さとおいしさから1匹数万円の値が付くこともあるという。

2

3

4

ビタミン、カルシウムをはじめ、DHA、EPAなどを豊富に含むイワシは、日ごろから積極的に食べたい魚の一つ。そんなイワシをさまざまな料理で楽しませてくれるのが港町・清水のこの店だ。

魚へんに弱いと書くイワシは鮮度落ちが早く、青魚特有の生臭さを敬遠する人も。しかし開店以来24年板場を守る基常峰之さんが、新鮮なイワシの目利きをし、手際よく下ごしらえ、味付けや調理方法を工夫。たたき、揚げだし、棒寿司など専門店ならではの料理がそろう。

看板メニューは「いわしのフルコース」。刺身から天ぷら、煮もの、焼きもの、マリネ、つみれ汁までイワシをとことん堪能できる。夜はこれに、静岡市の前浜で捕れる「しずまえ鮮魚」の刺身盛り合わせが付いたコースが人気だ。

イワシの仕入れ先は千葉県産を中心に、静岡はもちろん、北は北海道から南は島根県まで幅広い。それでも台風などで捕れない時は臨時休業することも。荒天時は電話で確認を。

毎日イワシを食べているからか、コレステロール値は全く問題なしです。

1.「いわしのフルコース」1950円 2.「いわしまぐろぶっかけ丼」870円 ※ランチのみ 3.「いわし棒寿司」650円 4.「得たたき(イカ入り)」650円 5.「刺身盛り合わせ8点盛り(カツオ、コショウダイ、ワラサ、マイワシ、アジ、マダイ、サゴシ、メジナ)」※コースの一例、3人前

刺身、天ぷら、煮物、焼き物…。栄養満点のイワシをフルコースで

いわし料理

善

よし

☎ 054・367・9601

- 静岡市清水区辻1-1-23
- 営業／11:30～14:00(13:30LO)、17:30～21:30(21:00LO)
- 休み／日曜
- 交通／JR清水駅から徒歩2分、東名清水ICから車で約10分
- 駐車場／あり

コレもおすすめ

◆刺身盛り合わせ付きいわしのフルコース 2700円

◆いわしの蒲焼き丼 870円

◆ちょっと豪華な刺盛り定食 1540円 ※ランチのみ

いわし料理
善

すしで、一品料理で極上ミナミマグロを堪能

末廣鮨

すえひろずし

「末廣鮨」と言えば「ミナミマグロ」。客の7割が県外客だといい、その誰もがこれを目当てに訪れる。カウンターの特等席に鎮座する最高級のミナミマグロは、ケープタウン沖で捕られたものを独自のルートで先取り一本買い。その数は年間60～70本にも及ぶという。

「ミナミマグロは脂に甘みがあって、きめ細やか。何より酢飯との相性がいい」と話すのは店主の望月榮次さん。大トロ、中トロ、背トロ、筋と筋の間を丁寧にはがした「はがし」など部位によって味わいが異なり、食べ比べを楽しめる。

ケースに並ぶネタは他にも、御前崎のカツオ、由比・倉沢のアジ、駿河湾のシラス、カンパチなど地物を中心に30種類ほど。シャリはしっとり感のある新潟産と宮城産を独自ブレンドし、ワサビは安倍奥の契約農家から。お茶は清水産の深蒸しの粉茶と決めている。地元・清水の蔵元「三和酒造」に特注している、すしに合う吟醸酒「末廣鮨」と共に楽しむのもいい。昼はすしに、お通し3点盛り、茶碗蒸し、デザートが付く「浜風」が人気だ。

大吟醸「末廣鮨」

1.店主の望月榮次さん　**2.**左上から時計回りにミナミマグロの「中トロ」「背トロ」「はがし」「腹」「霜降り」各1貫1080～1296円　**3.**「お通し4点盛」「ヒラメの柚子塩」、ミナミマグロの頭や尾に近い部位のたたき「すじぬき」　**4.**「刺身」ミナミマグロの赤身、トロ、アジ他　**5.**「すし」。ミナミマグロトロ、アナゴ、クルマエビ他 写真3～5はコースの一例

コレもおすすめ

- ◆ランチ「浜風」5800円
- ◆にぎり中上（昼）3600円
- ◆おまかせ 10000円～

☎ **054・366・6083**

- ●静岡市清水区江尻東2-5-28
- ●営業／11:30～22:00
- ●休み／水曜、月1回連休あり
- ●交通／JR清水駅から徒歩7分、東名清水ICから車で10分
- ●駐車場／あり

2

5 3

4

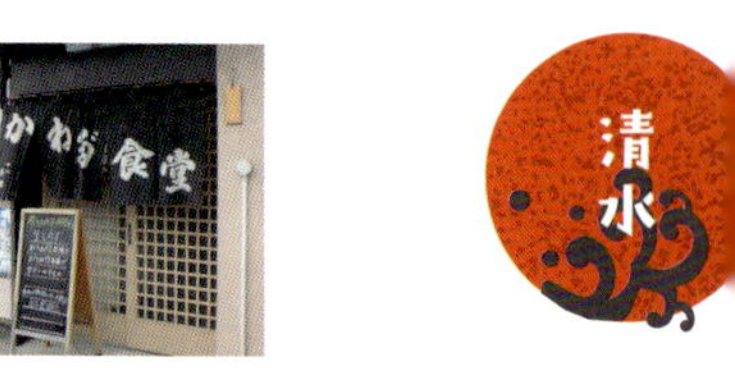

祖父の代から始まり、父、孫へと受け継がれた、地元御用達の食堂。気さくな雰囲気こそ変わらないものの、客層は徐々に変化し、現在では「県外からの客人に静岡のうまい魚を自慢できる店」という立ち位置に。3代目店主・金田髙志さんの妥協のない魚選びが、多くの支持を受けている理由だ。

　サクラエビやアジ、イカ、タチウオなど仕入れの中心は、由比港に揚がった朝捕れの魚。揚げ物、焼き物などの料理を提供するが、イチオシはやはり刺身。地魚の他、全国から仕入れる脂がのったルビー色に輝く特上のトロカツオも自慢の逸品だ。客の期待を裏切らない量を確保するのは大変だが、そこに港町・清水の食堂の心意気があるという。アワビのような味の「貝長（テングニシ）の刺身」や「イルカのたれ」などの珍味もぜひ味わってほしい。バーニャカウダやカルパッチョなど、洋食の裏メニューも好評で、「マグロのラグーソース」「いかと酒盗」といった、港町ならではのパスタも見逃せない。

大人気の「まぐろのカマ塩焼き」は、30分かかるので注文はお早目に。

これぞ港町食堂の心意気 気軽に楽しめる一級品の魚

かね田食堂

かねだしょくどう

☎054・364・8446

- 静岡市清水区入江1-1-23
- 営業／11:30〜13:30、17:00〜21:00LO
- 休み／日曜
- 交通／静岡鉄道新清水駅から徒歩5分、東名清水ICから車で約10分
- 駐車場／あり

1.一番人気の「刺身5種盛り」（1人前）1080円。カツオ、マグロ、アジ他　**2.**由比港水揚げ100%の「桜えび」かき揚げ（1枚）540円　**3.**洋食裏メニューのパスタの1つ「桜えびと大葉」1080円　**4.**じっくり焼き上げる「まぐろのカマ塩焼き」756〜1620円

コレもおすすめ

- ◆刺身 かつを 972円
- ◆甘だい干物 時価
- ◆珍味イルカのすまし 810円

1
2
3
4

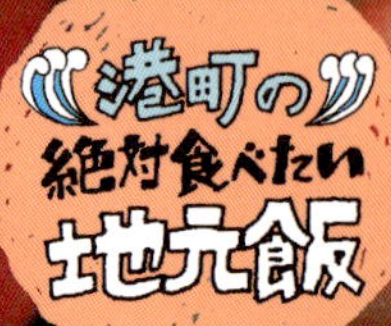

沖あがり【由比】

捕れたてのサクラエビがどっさり！
すき焼き風の鍋料理

「井筒屋」では「沖あがり定食」1550円として提供。地元では「かき揚げよりおいしい」との声も

サクラエビ漁で沖に出た漁師が海から戻り、陸に上がって食べたという料理だから「沖あがり」。漁船を所有する船元の家で、漁から戻った乗り子たちをねぎらい、ご飯のお供にも酒のつまみにもなる一品として振る舞われてきたそうだ。

材料は捕れたばかりのサクラエビと、ネギ、豆腐の3つ。漁は夕方から夜通し行われて明け方に終わるため、早朝でも買いに行ける食材として豆腐を合わせたらしい。

現在のような港がない時代は、船を海に出すのも浜に上げるのも人力頼みの重労働。そのためすき焼き風の濃い味が好まれたが、料理を作るおかみさんの好みで船元によって味は多少異なる。余った沖あがりは近所に配られ、各家庭の食卓にも上った。漁の翌日しか味わえない素朴な鍋料理は、今も由比で親しまれている味だ。

地元直伝！クッキング

沖あがり

市販のめんつゆを使って手軽に
ネギの代わりに白菜や青菜を使ってもOK

〈材料〉（1人前）

生サクラエビ…80～100g
豆腐…1/5丁
ネギ…適量
（アサツキでも太ネギでも好みで）
めんつゆ…200cc

〈作り方〉

①豆腐はひと口大に、ネギは小口または斜め切りにする
②めんつゆを入れた鍋を火にかけ、沸騰したらネギと豆腐を入れる
③ネギが煮えたらサクラエビを投入
④サクラエビが白っぽくなったら火を止める

できれば生のサクラエビを使ってください。風味が断然違います。サクラエビはサッと火を通すくらいで大丈夫です。

「井筒屋」店主・朝日 璋さん

ここで食べられます

大正5年創業。店主の弟が仲買人で、品質の良いサクラエビをたっぷり使えるのが自慢。かき揚げをはじめ、桜えびご飯、お吸い物、佃煮などサクラエビ尽くしの定食が人気だ。沖あがり定食は出漁日翌日で水揚げがあった時のみ提供。

井筒屋
いつつや

☎ 054・375・2039
●静岡市清水区由比314
●営業／11:30～14:00、17:00～19:00
●休み／月曜（祝日営業、翌日休み）
●交通／JR由比駅から徒歩25分、東名清水ICから車で17分
●駐車場／あり

「駿河定食」1750円

用宗

安くて新鮮、ボリューム満点！
捕れたて生シラスてんこ盛りの贅沢丼

漁協直営
どんぶりハウス

☎ 054・256・6077（直売所）
- 静岡市駿河区用宗2-18-1
- 営業／11：00～14：00 ※直売所9：00～17：00
- 休み／雨天時 ※禁漁中（1／15～3／20）は木曜休み
- 交通／JR用宗駅から徒歩約10分、東名静岡ICから車で約10分
- 駐車場／あり

昼前に行けば漁を終えた船が港に戻ってくる様子を眺められる

生のシラスは鮮度が命。水揚げした日でも夕方には苦味が出てくるため、本当に新鮮な水揚げ直後の生シラスを味わうなら、港町にランチに行くのが正解。中でも清水漁協用宗支所直営の海鮮丼専門店「どんぶりハウス」は、用宗漁港内というこれ以上ない好立地。近年はテレビなどで紹介されることもあり、県外から訪ねてくる人もいるそうだ。

ただし名物の「生しらす丼」は、出漁して水揚げがあった日だけのお楽しみ。捕れたてのシラスはプリプリとして、臭みや苦みもなく、「この値段でこんなに⁉」というボリュームで盛られている。しょうゆを少し垂らして、ご飯と一緒にざくざくかき込もう。禁漁中や漁がない日も、用宗ブランドの釜揚げシラスが分厚くぎっしりと敷き詰められた「釜揚げしらす丼」があるのでご安心を。屋外テント席のため荒天時は休業となるが、港内の風景や吹き渡る潮風は港町の風情たっぷり。シラス商品のお土産は、すぐ近くの漁協直売所で購入できる。

「生しらす丼」600円。漁の状況は朝9時以降直売所に電話で確認を

地元ブランド Local Brand

mochimune shirasu

【用宗シラス】

独特の漁法と港に近い漁場が鮮度を決める

用宗のシラス漁は3隻1組で出漁。2隻が網を曳き、もう1隻は運搬船として捕れたシラスを港に運ぶ。漁場が港から近いため30分～1時間で港に戻り、すぐにセリが行われる。この抜群の鮮度が、用宗のシラスが高品質とされる理由。全国にその名を知られるのもそのためだ。

1.生シラスとマグロ漬けの「用宗丼A」800円 **2.**しょうゆなしで釜揚げシラスの塩味を楽しみたい「釜揚げしらす丼」600円 **3.**釜揚げシラスとマグロ漬けの「用宗丼B」800円

コレもおすすめ

- ◆マグロ漬け丼 600円
- ◆すきみ丼 600円
- ◆ネギトロ丼 600円

一本買いで味わい尽くすミナミマグロ
リピーター率の高い「地魚寿し」も注目!

白浜寿し

しらはますし

☎ 054・628・6764
●焼津市小川新町2-6-5
●営業／11:00～13:00、16:00～22:00
※日曜～21:00
●休み／水曜、第3火曜
●交通／JR焼津駅からバス5分徒歩3分、東名焼津ICから車で約10分
●駐車場／あり

焼津駅から2㎞ほど離れた住宅街の中にある、気取らず親しみやすい店構え。のれんをくぐると、カウンター上のケースには魚がぎっしり。それでも店主の服部茂樹さんは「今日は少ない方だよ」と笑う。地魚だけでも30種類はあり、一番人気の「地魚おすすめ寿し（9貫）」は、すべて違うネタで3周はできるという。

そしてもう一つ、服部さんが「焼津に来たらぜひ食べてほしい」と話すのが、「焼津ミナミマグロ」だ。焼津港の市場で一本買いするミナミマグロは、トロ、赤身などさまざまな部位を楽しめる「マグロおすすめ寿し」のほか、トロを使ったネギマ、ほほ身のステーキ、尾やあごの焼き物、ハチの身の照り焼き、目玉の煮物など、マグロ1匹を余すところなく味わえる。

さて今宵は地魚のすしにマグロやカツオの一品を付けるか、それともミナミマグロのすしに地魚の刺身をプラスするか…。悩ましいほど豊かな焼津の海の恵みを楽しみに、県外から通う常連客もいるそうだ。

小川港に水揚げされた地魚とカツオの「地魚刺身盛り合わせ」1620円

2　1

yaizu
minamimaguro

地元
ブランド
Local Brand

【焼津ミナミマグロ】

冷たい海で身が締まった極上の天然マグロ

焼津港所属のマグロ漁船は戦後、全国に先駆けて南半球に進出した。南緯40度付近を回遊する天然ミナミマグロを船上で活き締めして、マイナス60度で急速冷凍。鮮度と品質の高さに定評がある。低水温の海で身が引き締まり、濃厚な赤身と甘みのあるトロが特徴だ。

コレもおすすめ

- ◆地魚おすすめ寿し（地魚のみそ汁付き）1950円
- ◆魚のカマ（煮物・焼き物）760円前後
- ◆干物盛り合わせ 540〜648円

1.赤身、中トロ、トロ、すき身、漬けなど7貫と鉄火巻の「マグロおすすめ寿し」（地魚のみそ汁付き）2700円　**2.**とろけるほどやわらかな「ミナミマグロほほ身ステーキ」648〜756円　**3.**トロを贅沢に使った「ミナミマグロのネギマ」（1本）378円　**4.**「カツオのヘソ（心臓）焼き」（1本）378円

3

4

焼津

駿河湾の幸が楽しめる老舗の名物は「小川さば」で作る「鯖の押し寿司」

松乃寿司

まつのずし

☎054・627・6666
●焼津市本町4-6-3
●営業／11:00〜14:00、17:00〜21:00
●休み／水曜
●交通／JR焼津駅からバス3分徒歩7分、東名焼津ICより車で約10分
●駐車場／あり

マグロ、カツオの町として知られる焼津が、「第3の魚」として売り出し中なのが、日本有数の水揚げ量を誇る「小川（こがわ）さば」。そのサバを使った押しずしを看板メニューに掲げているのがこの店だ。最もおいしいとされる冬に揚がったサバを、急速冷凍し加工店で保存。脂がのった旬のサバを、毎日その日の分だけ酢メにしているので、客は1年中、おいしく食べることができる。小さく一口大にカットされた押しずしは、白板昆布と少し甘口のシャリが絶妙のバランス。時間を置くとさらに味がなじみ、うま味が増す。土産として持ち帰る人も多い。

ネタケースには他にも、ヒラメ、カンパチ、赤ムツ、アマダイなどの駿河湾の幸。三河湾のアカガイ、トリガイ、アナゴ、クルマエビなども並ぶ。定置網にかかるジンドウイカをゆで、中トロ、ネギ、シソ、シャリなど5種類の具を詰めた「てっぽう」も好評。自慢のミナミマグロと、その日の近海物の両方が味わえる「親方のおまかせ」（10貫）も見逃せない。

「鯖の押し寿司」1296円。サバとシャリ、昆布のバランスが絶妙

地元ブランド Local Brand

kogawa saba

【小川さば】

丸々太った脂がのった冬のマサバは絶品！

焼津・小川港に水揚げされるサバ。1～3月はマサバ、それ以外の季節はゴマサバが揚がる。地元ではメサバやみそ煮、干物、麹漬けにして食べられる。サバ節や塩蔵品、練り製品などの加工原料としても利用され、塩サバは県内外のサバずしの原料にもなっている。

コレもおすすめ

- ◆れんこだいにぎり(1貫) 324円
- ◆ミナミマグロの鉄火丼 3780円
- ◆吹きよせちらし丼 1620円～

1.「てっぽう」648～1080円(時価)。水揚げ量が減っているため予約が確実　**2.**「生シラス」「サクラエビ」(1貫)200円～。春と秋の漁期のみ ※日曜、祝日は漁がないため提供はない　**3.**「親方のおまかせ 盛り合わせ」3240円

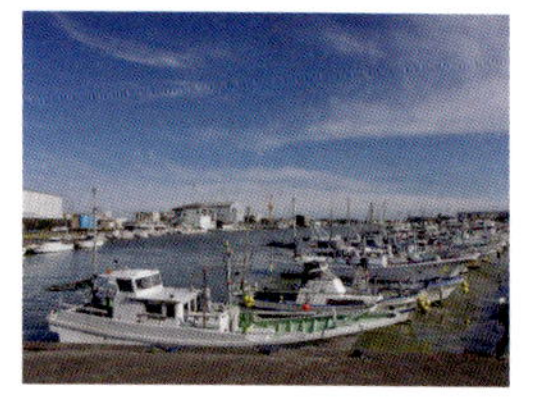

魚市場の仲買人や市場で働く人のための食堂だが、一般客の利用もOK。焼津港水揚げのマグロ、カツオ、小川港水揚げのサバなどを使った定食や丼が充実しているとあって、週末ともなれば朝から大勢の人が押し寄せる。入り口には50種類以上のメニュー写真が貼られ、目移りすること請け合い。焼津の味を楽しむなら、筆頭は「魚河岸定食」だろう。マグロまたはカツオの刺身に、焼きサバと魚の天ぷらが付き、ボリュームも満点だ。

安定した人気を誇るのは、9種類の魚介が丼を埋め尽くす「海鮮丼」。ちょっと変わったところでは、希少部位を贅沢に楽しむ「まぐろホホ肉塩コショウ定食」、カツオのなまり節を甘辛だれで焼いた「カツオステーキ定食」もおすすめ。黒はんぺん、カツオのヘソなどのフライを盛り合わせた「焼津フライ定食」、新鮮なサバを使った煮魚・焼魚定食も、焼津ならではの一品だ。ちなみに朝7〜9時には知る人ぞ知るワンコインの「朝定食」もある。

1.マグロ、カツオ、ネギトロ、イカ、生シラス、生サクラエビなどがのった「上海鮮丼」(みそ汁、漬物付き)1500円　**2.**「まぐろホホ肉塩コショウ定食」880円　**3.**「まぐろ漬け丼」930円　**4.**看板メニューの「魚河岸定食」1000円　**5.**「まぐろ・かつお盛合せ定食」1000円

マグロ、カツオは刺身、丼、ステーキで
サバの煮&焼き魚、黒はんぺんフライも好評

小川港魚河岸食堂

こがわこううおがししょくどう

☎ 054・624・6868

- 焼津市小川3392-9
- 営業／7:00〜14:00 ※土曜、市場定休日10:00〜
- 休み／不定休
- 交通／JR焼津駅からバス10分徒歩10分、東名焼津IC から車で15分
- 駐車場／あり

コレもおすすめ

- ◆南まぐろ定食 950円
- ◆焼津フライ定食 850円
- ◆カツオステーキ定食 750円

1
4
2
5
3

Let's Go!!
ぶらり歩こう!
港町

焼津 浜通り界隈

なまり節、サバ、カツオのはらも…水産加工業発祥の地で、お土産探し

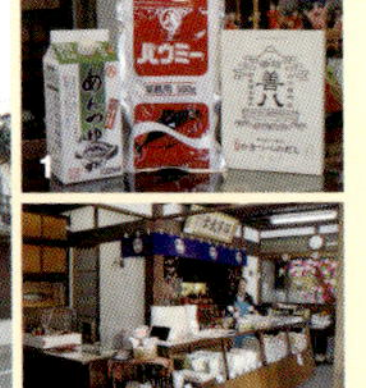

堀川
昭和通り
神武通り
オーシャンロード

海に沿って南北に伸びる街道「浜通り」。この辺りはかつて廻船業でにぎわい、徳川家康から八丁櫓の使用を許されてからはカツオ漁業が発展。明治には水産加工業がここから始まった。町家造りや運河として使われた堀川沿いの蔵を眺めつつ、焼津土産の散策を楽しもう。

お土産に喜ばれること間違いなし
焼津のだし専門店

② マルハチ村松 まるはちむらまつ

堂々たる木造建築の老舗に並ぶのは、かつお節をふんだんに使っただし製品。粉末だしの「パウミー」や「めんつゆ」など、種類も豊富だ。注目は創業150年を記念して2017年に発売を開始した贅沢なだしパック「やきつべのだし」。これを使えば料理の腕も上がるかも。

☎054・628・7371
●焼津市城之腰108-1-1
●営業／9:00～17:00
●休み／日曜、会社指定日
●交通／JR焼津駅からバス6分徒歩2分、東名焼津ICから車で約10分
●駐車場／あり

1.左から「めんつゆ つけ汁」(1ℓ)665円、「パウミー」(500g)615円、「やきつべのだし」(20袋)1533円

工場直売だから作りたてが手に入る
焼津名産「なまり節」

① 川直 かわなお

作りたては香りが違います!

焼津産のカツオで作るなまり節の専門店。明治10年の創業以来、昔ながらの「手火山式培乾製法」で釜ゆでしたカツオを、ナラの木で燻製する。工場直売のため作りたて(要予約)が手に入り、その味は格別。「炙りはらも」「ソフトジャーキー」などもお土産におすすめだ。

☎054・628・2306
●焼津市城之腰15
●営業／9:00～17:00
●休み／水・日曜
●交通／JR焼津駅からバス6分徒歩すぐ、東名焼津ICから車で約10分
●駐車場／あり

1.「鰹なまり節」(雄節or雌節)1000円～ ※要予約
2.「ソフトジャーキー」300円、「焼津煮」200円、「炙りはらも」300円

店前の
立て看板に
注目!

サバの角煮は絶品。焼津ならではの
魚河岸シャツも見逃せない

④ ぬかや斎藤商店 ぬかやさいとうしょうてん

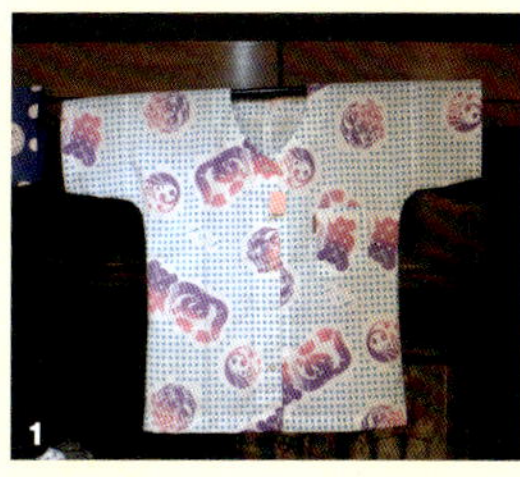

1

2

明治20年創業。享保年間に廻船問屋を営んでいた老舗。現在は水産加工業を営み、店先には「なまり節」や、カツオはらもの燻製「はらもくん製」「鯖角煮」の他、「磯自慢」の酒粕で漬けた「銀鱈の粕漬け」などが並ぶ。2階で製造販売する「魚河岸シャツ」も好評だ。

☎ 054・628・4239
●焼津市城之腰109-1
●営業／10:00～17:00
●休み／不定休
●交通／JR焼津駅からバス6分徒歩2分、東名焼津ICから車で約10分
●駐車場／あり

1.「魚河岸シャツ」6642円～　2.「鰹jerky」378円、「鯖角煮」486円

洋風×サバは
ワインに合うと
好評です。

〆サバ、塩サバといえばこの店
ワインに合う洋風仕立ても注目!

③ 岩清 いわせい

1

2

天保3年創業。風情ある店舗には、焼津に揚がったサバを使った商品がいろいろ。ファンの多い「メサバ」「塩サバ」「サバ麹漬け」の他、2018年4月に誕生した「サバマリネード(洋風しめ鯖)」など新感覚のサバ製品3種類も人気上昇中。「鰹塩辛」もお見逃しなく。

☎ 054・629・2025
●焼津市本町5-14-9
●営業／9:00～17:00
●休み／日曜、祝日
●交通／JR焼津駅からバス6分徒歩4分、東名焼津ICから車で約10分
●駐車場／あり

1.水産庁長官賞受賞「〆鯖」450円　2.フルーツとバルサミコ酢の「サバマリネード」1000円、ハーブとオリーブオイルの「サバタパス」640円

港町の人気鮮魚店

神武通り
アクアス焼津
堅小路公園
⑥
焼津市立小川中

⑥ サスエ前田魚店
さすえまえださかなてん

1

2

刺身の種類の多さに感激 すしや丼は予約を

1.「鮮港丼(さいこうどん)」626円　2.「鮪ユッケ丼」734円 ※丼類は12:00～販売

浜通りから少し足を伸ばして。小川、焼津、御前崎、由比港を中心に、全国から選りすぐりの魚を仕入れ、丁寧な仕事で提供する人気魚店へ。マグロ、トンボマグロ、カツオ、ヒラメなどが並ぶ刺身コーナーは必見! すしや海鮮丼は早い者勝ち!

☎ 054・626・0003
●焼津市西小川4-15-7
●営業／8:00～18:00
●休み／水・日曜
●交通／JR焼津駅からバス15分徒歩3分、東名焼津ICから車で約15分
●駐車場／あり

もっと魚肉を食べてもらいたい
焼津の食文化の普及を目指す

⑤ カネオト石橋商店
かねおといしばししょうてん

1

2

明治35年から「なまり節」の製造を始め、カツオの塩辛や、へそのみそ煮など焼津の魅力を発信する商品を提供。最近ではなまり節入り即席みそ汁「おつけ」、水産加工業を担う仲間の力を結集した「焼津おでん」、なまり節入り「つなカレー」も好評だ。2階に直営の「焼津浜食堂」がある。

☎ 054・628・2920
●焼津市城之腰91-5
●営業／10:00～17:00 ※食堂11:00～14:00(ネタがなくなり次第終了)
●休み／土曜、祝日の前日、隔週火曜
●交通／JR焼津駅からバス6分徒歩1分、東名焼津ICから車で約10分
●駐車場／あり

1.「かつをの塩辛」(180g)734円　2.「かつおへそ味噌煮」540円、「へそ釜揚げ」540円

2018年5月ニューオープン 大井川港のシラス&サクラエビ食堂

漁協直営食堂
さくら

大井川港漁協で盛んに行われているシラス漁とサクラエビ漁。しかしその知名度はまだ低く、もっと大井川港のシラス&サクラエビをPRしようと開催したのが、「大井川港丼市」だ。サクラエビ・シラスを使った限定400食の丼を提供すると、毎回大盛況であっという間に完売する人気ぶり。それならばと、満を持して2018年5月にオープンしたのが常設の漁協直営食堂「さくら」だ。

メニューの主役はもちろんサクラエビとシラス。7種類の丼と5種類の単品があり、一番人気は、カリッと香ばしく揚げたサクラエビのかき揚げと、釜揚げシラスの両方を楽しめる「ミックス丼」。港直送だから「生桜えび丼」「生しらす丼」の鮮度は折り紙付き。サクラエビを特製しょうゆだれに漬け込んだ「桜えび沖漬け丼」の人気も上昇中だ。隣接の直売所でサクラエビやシラスのお土産を購入するのもお忘れなく。

1.お土産は漁協直売所で **2.**「ミックス丼」」800円。料理担当は漁師の奥さんたちだ **3.**天候によっては提供されないため、出合えたらラッキーな「生しらす丼」700円

☎054・622・0415
- 焼津市飯淵1964
- 営業／10:30〜14:00
- 休み／月・火・水曜、1〜3月
- 交通／JR焼津駅からバス40分徒歩5分、東名大井川焼津藤枝スマートICから車で約10分
- 駐車場／あり

コレもおすすめ
- ◆桜えび釜揚げ丼 800円
- ◆しらす釜揚げ丼 700円
- ◆二色釜揚げ丼 750円

4.特製だれが食欲をそそる「桜えび沖漬け丼」800円
5.定番人気の「桜えびかき揚げ丼」800円

大井川港のそば、目の前には駿河湾が広がる絶好のロケーション。店舗前には漁船が展示され港町らしい風情が漂う。週末には県内外から多くの人がやって来る磯料理の人気店だ。

自らを「味の保証人」と名乗る店主・小花良行さんの信条は「鮮度が素材の良さを生かす」。それだけに鮮度にはとことんこだわり、仕入れるのは大井川港、焼津小川港などで水揚げされた地物が中心。バラエティー豊かな丼、すし、うなぎ、定食、コース料理、一品料理などに仕立て提供する。サクラエビとシラスのピザ、サクラエビ入りクリームコロッケなど、素材の魅力をもっと伝えたいと考案したアイデア料理も好評だ。看板メニューの一つ、限定20食の「みなと家丼」は刺身の下にサクラエビのかき揚げが隠れた1杯で、意外な味のハーモニーが楽しめる。サクラエビやシラスのおこわも新たに登場し、メニューはまだまだ広がりそう。コストパフォーマンスの良さも魅力だ。

「幅広い年齢層に楽しんでもらえる魚料理」が信条です。

1.「みなと家丼」1950円。マグロの下にかき揚げが潜む　2.二度揚げし、骨まで香ばしい「カサゴの唐揚げ」時値　3.「桜えびのクリームコロッケ」950円　4.マグロや白身など7～8種類の刺身が味わえる「磯盛御膳」2300円

大井川・焼津小川港産の地魚を アイデアあふれる料理で満喫

磯料理

みなと家

みなとや

☎ 054・622・0362

- 焼津市飯淵2153
- 営業／11:00～14:00、17:00～21:00
- 休み／水曜 ※臨時休あり
- 交通／JR焼津駅からバス約40分徒歩3分、東名大井川焼津藤枝スマートICから車で約10分
- 駐車場／あり

コレもおすすめ

- ◆おこわ膳（サクラエビかシラス）1950円
- ◆大井川港御膳 3150円
- ◆姫御膳 2800円

港料理
みなと家
3 1
4 2

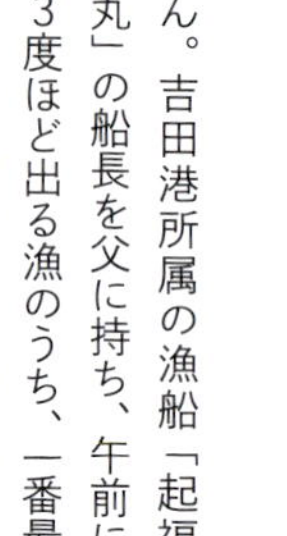

今日は60㎝超えの大きなタイが捕れました。お刺身と煮付けにします。

父が捕った魚がその日のメニューに まずは鮮度命の「生シラス」を味わおう

喰処ばぁ 幸

さち

住宅街の一角に立つ食事処。古民家風の店内には骨とう品が並び、初めて訪れたのにどこか懐かしく、ゆっくりくつろげる雰囲気。地元住民はもちろん、県外客や静岡空港からタクシーで訪れる外国人客も増えているそうだ。人気の理由は鮮度抜群の捕れたての魚が食べられるから。しかも、船元直送のため価格もお手頃。ファンが多いのも納得だ。

「大切な人に食べてもらう気持ちで料理しています」と話すのは女性店主の久米佐知子さん。吉田港所属の漁船「起福丸」の船長を父に持ち、午前に3度ほど出る漁のうち、一番最後の漁で揚がった近海ものを店に運び、その日のメニューにするそうだ。

4～11月の漁期にぜひ食べたいのは「生シラス」。美しく輝く鮮度のシラスは、船直送だからこそ。ワサビ、ショウガ、自家製酢みそ、食べ方は好みで。ただし、鮮度を身上とするため提供は午後9時まで。こんなこだわりなら大歓迎だ。

1.カウンターの他、座敷席、落ち着いた2階席もある　**2.**「生シラス」432円～(時価)。地元ではポピュラーな酢みそを掛けて。自家製ゆでシラスも人気　**3.**その日揚がった魚で作る「白身魚のタルタル」(1枚)432円　**4.**おこげもおいしい「吉田港石焼鰻めし」1620円。吉田産ウナギ使用

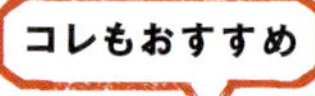

◆今日の魚のづけ丼 1080円
◆黒はんぺん焼き(1枚) 324円
◆太刀魚一っ本天 1080円

☎ 0548・32・7011
- 榛原郡吉田町住吉3566-2
- 営業／17:30～23:00
- 休み／日曜
- 交通／JR六合駅からバス35分徒歩8分、東名吉田ICから車で15分
- 駐車場／あり

2

4 3

大きな炎で香ばしく仕上げる
一本釣りの「藁焼きたたき」

一本釣り
日光丸
にっこうまる

☎ 0548・63・1250

●御前崎市港6099-7 海鮮なぶら市場・食遊館
●営業／11:00〜17:30（17:00LO）
●休み／火曜（祝日営業、翌日休み）
●交通／JR菊川駅から車で40分、東名相良牧之原ICから車で約20分
●駐車場／あり

遠洋船の船元直営の食事処。一本釣りのカツオを使った料理が人気を呼んでいる。船の上で急速冷凍したものを使うから、鮮度の良さは間違いない。

看板メニューは藁（わら）で起こした大きな火でカツオを炙る「藁焼きたたき」。皮目はパリっと仕上げるため温度の高い炎の先で焼き、身は香ばしく香り付けするために火元で焼くのが、店主こだわりの技。注文が入ってから焼き上げるため、迫力のある真っ赤な炎を眺めながら待とう。

焼く前にしっかり塩を振ってあるので、まずは何も付けずに食べるのがおすすめ。しっとりとした食感と臭みのまったくない香ばしさが口中に広がり、まるでうま味の塊を食べているようだ。カツオは苦手だと言っていた客が「初めて食べられた」と感動し、常連になるというのもうなずける。単品でも定食でもオーダー可能で、営業は休憩なしで昼から夕方まで。その日使うカツオが切れたら終了のこともあるので注意を。

隣の海遊館にも「日光丸」の店舗があるのでお土産探しに寄ってみては。

1.塩、みそ、梅たたきの「かつおたたき三種盛り」1010円。定食1382円　**2.**「藁焼きたたき定食」994円。単品は702円 ※トロカツオの場合は定食1280円、単品1010円　**3.**藁を継ぎ足しながら焼くので、大迫力の大きな炎が上がる　**4.**藁焼きたたき、メバチマグロ、ビンチョウマグロ、ネギトロの「刺身盛り合わせ」1010円。定食は1382円　**5.**「特選海鮮ちらし寿司」（吸い物、デザート付き）1598円 ※数量限定

コレもおすすめ

◆選べるミニ丼セット（2種）1134円
◆豚の角煮定食 1166円
◆ばらちらし寿し 1166円

2
4
5
3

暑い夏にぴったり。漁師が船上で食べた
カツオの冷たいみそ汁

がわ汁

【御前崎】

「ナチュラル」では夏限定で、「がわ」550円を提供

夏のスタミナ補給に御前崎の家庭で食べられてきた冷や汁。元々は漁師が船の上で捕れたての魚をたたいて、血合いや内臓も一緒にみそで味付けし、水をかけて食べていたもの。野菜のビタミン、みその塩分、魚のタンパク質、水分を一気に補給できる、栄養的にも優れたものだ。

似た料理に九州・宮崎の「冷や汁」があるが、御前崎の「がわ」の特徴はカツオを使うこと。近海物の鮮度の良いカツオだからこそ作ることができる料理で、家庭では刺身用のカツオを使う。カツオのうま味が強いため、だしは必要なし！　薬味はタマネギ、ミョウガ、青ジソ。氷も必須。かき混ぜた時の氷のガワガワという音から「がわ」の名が付いたとされる。さっぱり食べやすく、一度味わうとファンになる人が多い。

地元直伝！クッキング

がわ汁

作り方は簡単！ 刻んで混ぜるだけ
カツオの鮮度がいいから、臭みなし

〈材料〉(4～5人前)

カツオ(刺身用 ※アジ、イサキ、タチウオでも可)…300g
タマネギ、ミョウガ、青ジソ、水菜など…適量
梅干し…2～3個　水…800cc
みそ…適量
(みそ汁より少し濃い目に)
氷…適量

〈作り方〉

①タマネギ、ミョウガ、青ジソ、水菜など好みの野菜を千切りにし、水に30分ほどさらす。ザルに入れ水を切る
②カツオをたたく
③ボウルに水を入れ、みそをとかす。さらにほぐした梅肉と氷を入れる
④茶碗に❶の野菜と、❷のカツオを盛る
⑤❸の梅肉入りみそ汁を掛ける

みそは多めに、濃い味にした方がおいしいです。梅干しは酸味の強いものを使ってください。

「ナチュラル」店主
増田貴至さん

ここで食べられます

「海鮮なぶら市場」内にある食事処。御前崎港で水揚げされた魚を使った「かつお刺身定食」「金目鯛姿煮定食」などをリーズナブルに提供する。捕れたての生シラスや、臭みのない「かつおのみそたたき」、日替わりのあら汁もお試しを。

海鮮レストラン ナチュラル

☎ 0548・63・6618
●御前崎市港6099-7
海鮮なぶら市場・食遊館
●営業／11:00～18:00
※18:00以降は予約のみ
●休み／火曜(祝日営業)
●交通／JR菊川駅から車で40分、東名相良牧之原ICから車で約20分
●駐車場／あり

1.「かつおのみそたたき」540円、「鮮魚のあら汁」300円　2.「金目鯛姿煮定食」1620円

新居

養殖場所を移動させ1年半かけて生育する身の大きさと濃厚な味が魅力のブランドカキ

【新居のかき プリ丸】

静岡県で唯一、カキの養殖が行われている浜名湖。その歴史は古く、明治20年頃、舞阪で始まったとされる。現在の生産量は広島や宮城などの大産地に比べればかなり少ない。しかし近年注目を浴び、東京・築地市場にも出荷されている人気ブランドがある。「新居のかき プリ丸」だ。身が大きく、プリッと丸みのある形から「プリ丸」と名付けられた。

新居で養殖業を営む丸ア水産の3代目・橋爪秋久さんによると、「プリ丸」の養殖期間はおよそ1年半。その間に3回程度、養殖の場所を変えるのが大きな特色。夏は潮通しのよい湖南部で、秋から春にかけては餌となる植物プランクトンが豊富な湖北部のカキ棚へとカキを移動する。このきめ細やかな世話が、身の大きい濃厚な味を作るのだそうだ。

ちなみに「プリ丸」は全国カキ生産量の0・3%。この希少性も「プリ丸」を人気ブランドに押し上げた理由かもしれない。

1.カキ棚に着き早速水揚げ開始 **2.**1つの養殖連（ホタテガイの貝殻を針金で束ねた輪）には100粒ほどのカキが付いている **3.**カキが重なり合っているさまはまるで岩石のよう **4.**カキの養殖いかだ（このような「いかだ」に養殖連を垂下することもある） **5.**1日50〜100個の養殖連を水揚げする ※「新居のかき プリ丸」は新居町商工会が商標登録

3

2

4

1

5

この道70余年、御年93歳
熟練の職人技でカキの身をむく

カキの水揚げが行われるのは11月から3月末の早朝。丸ア水産では年内は殻付き、むき身の状態で、築地市場、浜松市場へ、年明け1月からは冬期限定でオープンする海湖館の「牡蠣小屋」に出荷する。

この日水揚げされたカキはすぐさま作業場へ運ばれ、一気にむき身にされた。慣れた手つきで次々とナイフを入れ中身を取り出すさまはまさに職人技。むき身はそのまま袋詰めされるので鮮度もいい。袋の中の水分はカキから出ているエキスだ。プリ丸のむき身、殻付き（詰め放題もあり）は海湖館入り口の売店で販売されている。

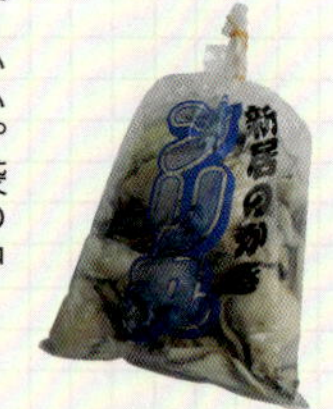

9.水揚げしたら、まずは連を切る作業が始まる　10.重なり合ったカキをハンマーで叩き一つ一つ切り離す　11.カキむきの大ベテラン、橋爪秋久さんの母しげさん　12.殻を外すと丸々プリッとした「プリ丸」が顔を出す

13.「まるとく30」3240円。焼きカキ4個、カキ天ぷら、カキフライ、カキぽん酢あえ、カキご飯、青のり入りみそ汁、釜揚げ・生シラス、ナガラミが並ぶ、浜名湖満載のセット
14.カキのみそ煮がのる「プリ丸丼」864円　15.「焼牡蠣」(4個)1000円

焼いて食べるのが一番 天ぷら、みそ煮も人気

浜名湖のカキは生食用ではなく加工用が基本。「プリ丸」は火を入れても小さくならないので、焼いて、揚げてと多彩な料理に使うことができる。海湖館の牡蠣小屋では、専用のBBQコンロで客が自分で焼く「焼牡蠣」の他、「カキフライ」「かき天ぷら」「牡蠣天丼」「プリ丸丼（牡蠣味噌煮）」「牡蠣ぽん酢あえ」「牡蠣いり茶碗蒸し」「牡蠣ごはん」、カキのみそ煮入りの中華まん風「かきまん」など、実に多彩な料理が提供されている。

ここで食べられます

新居ブランドのカキ「プリ丸」が食べられる、1〜3月限定オープンの人気スポット。毎年3カ月間で2万人が訪れ、週末は1〜2時間待ちも当たり前。BBQ気分で自分で焼くスタイルも魅力だ。同時期に「新居関所」でも牡蠣小屋がオープンする。

海湖館 牡蠣小屋
かいこかん かきごや

☎ 090・8186・1217
●湖西市新居町新居3288-101
●営業／1月第1週土曜〜3月末、10：00〜14：00 ※土・日曜、祝日9：00〜
●休み／月曜（祝日営業、翌日休み）
●交通／JR新居町駅から徒歩約15分、東名浜松西IC・三ケ日ICから車で約30分
●駐車場／あり
※牡蠣小屋は新居町観光協会の主催事業

福田漁港に隣接した好立地
鮮度抜群の朝捕れシラスを味わおう

漁師のどんぶり屋

りょうしのどんぶりや

コンテナで営業していた人気食堂が、食とレジャーの発信基地「渚の交流館」内へ2016年5月に移転。週末のみの営業だったが、新店舗は平日もオープン。こぞってファンが訪れている。現役漁師の安井洋一さんと漁師仲間の奥さんたちを中心に、素材を熟知したメンバーが14種類もの料理を振る舞う。

イチオシは福田漁港に揚がった朝捕れの「生しらす丼」。とろける食感と甘みがたまらない。他にも旬の魚介を6種類トッピングした「海鮮丼」、開いたアジの天ぷらを大胆に盛り付けた「天丼」など、漁港のそばという立地を生かした魚介料理を堪能できる。魚のアラでだしを取り、漁港内で養殖しているワカメ入りのみそ汁が付くのもうれしい。

「シラスは海水温が低くなることで身が締まる。より甘みが強くなる秋がおすすめ」とは安井さん。状態の良い生シラスしか仕入れないため、提供できる日は漁期の半分ほどとなる。海鮮丼のネタが増えたり、珍魚が登場する時もあるので、出合ったら迷わず試してみたい。

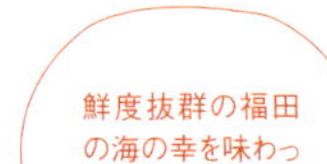

鮮度抜群の福田の海の幸を味わってください。

1.漁港を望むテラス席もある **2.**たっぷり150gのシラスがのる「生しらす丼」800円 **3.**インパクトある盛り付けの「天丼」1100円 **4.**「海鮮丼」1100円 **5.**刺身と漬け、なめろうをのせた「マグロ丼」500円

コレもおすすめ

- ◆マグロ漬け丼と釜あげしらす丼 500円
- ◆釜揚げしらす 800円
- ◆特製うなぎ丼 2000円

☎ **0538・30・7091**（渚の交流館）

- ●磐田市豊浜4127-43 渚の交流館
- ●営業／11:00〜14:00 ※土・日曜、祝日10:30〜15:00
- ●休み／渚の交流館に準ずる
- ●交通／JR磐田駅からバス約50分徒歩約30分、東名磐田ICから車で約30分
- ●駐車場／あり

2
4
3
5

老舗魚屋の3代目・河邉信男さんが「うちの鮮度抜群の旬魚をその場ですぐ食べてほしい」と開いた食事処。地元の和食店で11年修業した経験を生かし、昼のランチ、夜の酒宴料理を提供。新鮮な地魚をお腹いっぱいリーズナブルに味わえると評判で、地元のプロスポーツ選手もお忍びで訪れるとか。

「かきあげ天丼」や「あなご丼」など丼物は12種類そろうが、中でも注目は名物の釜揚げ「しらす丼」。シラスの塩気とシソを混ぜたご飯、特製だれが相まった、爽やかな風味が堪能できる。トビコの赤と刻みネギの緑、食用菊の黄色を散らしたカラフルなビジュアルも魅力だ。丼と海鮮がセットになった3種類の定食も人気で、いずれも昼夜ともにオーダーできる。

タチウオやヒラメ、シラウオや深海魚のドンコなど、上物の魚や珍魚が捕れた時に漁港からすぐ声が掛かるのも魚屋ならでは。夜の一品料理に多彩な調理法で登場する。ランチの来店なら、併設の鮮魚店もぜひのぞいてみよう。

4代目の息子も励んでいますので、よろしくお願いします。

1.「海鮮丼」1100円のネタは旬ごとに替わる　2.「ミニ天丼+刺身盛合定食」1350円。+170円で普通盛りの丼に変更可能　3.入荷時のみのお楽しみ「生しらすセット」1100円　4.ふっくらやさしい味わいの「しらす丼」900円

コレもおすすめ

- ◆上天丼 1100円
- ◆かつお丼 900円
- ◆ミニ海鮮丼＋天ぷら盛合定食 1350円

創業80余年の魚屋直営店で名物・釜揚げ「しらす丼」を

魚時
うおとき

☎ 0538・55・2620

- ●磐田市福田中島1390
- ●営業／11：30～14：00（13：30LO）、17：00～21：00（20：30LO）
- ●休み／水曜
- ●交通／JR磐田駅からバス20分徒歩約12分、東名磐田ICから車で約20分
- ●駐車場／あり

1
3
仕出し 魚時
福田町中島 電話 55-2620 58-1178
2
4

館山寺

地元価格で味わえる「遠州灘天然とらふぐ」をコースで堪能

割烹

汽水亭

きすいてい

☎ 053・487・1112

●浜松市西区舘山寺町2178 ホテル九重
●営業／11:30〜14:00（13:30LO）
●休み／ホテル九重に準ずる
●交通／JR浜松駅からバス約50分徒歩約5分、東名浜松西ICから車で約15分
●駐車場／あり

開湯60年を迎えた浜名湖かんざんじ温泉にある「ホテル九重」館内の割烹。浜名湖の大パノラマを望みながら味わいたいのが、10月上旬から3月末まで提供される「とらふぐ会席」だ。使用するのは地元産の「遠州灘天然とらふぐ」。てっさからてっちり、から揚げ、雑炊まで味わえて1万1800円という価格は舞阪漁港直送だからできる技。2003年にフグの専用加工処理工場が設立され、かんざんじ温泉のホテル・旅館が独自の料理を開発。地元ブランドをPRしている。

契約農家で特別栽培したネギを添えた「てっさ」、パリッとした食感が心地良い、しょうゆベースの下味が付いた「唐揚げ」。「てっちり」は手しぼりダイダイを調合したポン酢の爽やかな風味がフグのおいしさを倍増させる。アラからだしを取った「雑炊」はうま味がたっぷり。これが汽水亭自慢の「とらふぐ会席」だ。心行くまでフグを堪能しよう。食事利用の特典として温泉入浴もできるので、優雅な日帰りリゾートとしてもおすすめしたい。

光り輝く透明感が美しい「てっさ」

1.フグのおいしさはもちろん、野菜もたっぷり取れる「てっちり」 2.フグの「唐揚げ」。各「とらふぐ会席」より 3.四季折々の旬魚が登場する、ランチ限定の「お造り華御膳」4536円

コレもおすすめ

◆天婦羅華御膳 4536円

◆華日和 6048円

◆夢の栞 9180円

ensyunada tennen torafugu

地元ブランド Local Brand

全国有数のトラフグ水揚げ量を誇る舞阪漁港【遠州灘天然とらふぐ】

国内で流通しているトラフグは9割が養殖で、天然物はわずか1割。そのうち約6割が舞阪漁港で水揚げされている。漁期は10月から翌年2月まで。以前は山口県下関市へ送られることが多かったが、加工場を設け、「遠州灘天然とらふぐ」としてブランド化。PRに力を注いでいる。

魚介料理からウナギ、スッポンまで 浜名湖・遠州灘の幸を味わうならここ

舞阪

弁天島

山本亭

やまもとてい

☎ 053・592・2485

- 浜松市西区舞阪町弁天島3221-10
- 営業／11:30～14:30、16:30～22:00(21:00LO) ※土・日曜、祝日11:30～22:00(21:00LO)
- 休み／木曜
- 交通／JR弁天島駅から徒歩約10分、東名浜松西ICから車で約30分
- 駐車場／あり

日本料理の名店「京都吉兆」で修業した後、「山本亭」を継いだ2代目・山本幸介さん。創業時から続く「仕入れたての鮮魚しか使わない」というこだわりを継承し、修業時代に漁港や市場へ出向き培った目利きで食材を厳選する。

メニューは地元産魚介の刺身から、焼き魚、煮魚、天ぷら、日々継ぎ足してきた秘伝のたれを使うウナギ料理まで90種類以上。多彩な魚介料理を提供することが、店主のポリシーだ。店内には地下水を利用した生けすもあり、自慢の活魚の造りはピチピチ、プリプリ。遠州灘の海水と同じ塩分濃度のため、魚介にストレスを与えず、良質な状態が保てるそうだ。

そして忘れてならないのが、有名料理店がこぞって取引きする、服部中村養鼈（ようべつ）場から届くスッポン。奥深い味わいと強いうま味が実感できる4年もの（約800g）だけを使う。レバ刺し、ももの唐揚げ、スープ、おじやが付く「梅コース」は1匹1万2960円～。

生けすの「活魚造り」は重さによって価格が変わる。写真はヒラメの造り

地元ブランド Local Brand

hamanako no suppon

名店が認める「服部中村養鼈場」産

【浜名湖のスッポン】

浜名湖畔でスッポン養殖を切り開いた服部中村養鼈場。露地養殖という手法で、じっくりと年数をかけて育てている。良質な脂肪と、上品なくせのない味わいが特徴で、全国の名だたる名店がその品質の良さを認めている。

1. スッポンは1匹単位の料金設定。4人までシェアできる **2.** 衣サクサクの「活車エビ天丼」1944円 **3.** 秘伝のたれが自慢の「うな重」(肝吸い付き)3132円

コレもおすすめ

- ◆活車海老フライ定食 2052円
- ◆刺身定食 1512円
- ◆刺身盛り合わせ 1728円〜

1

弁天島・山本亭の姉妹店。「浜名湖、遠州灘の恵みを新鮮なまま、そのおいしさを多くの人に届けたい」との思いを胸に、国内の名料亭や海外の和食店で研さんを積んだ店主・山本秀二さんが「魚河岸料理」を提供する。メニューはスッポンからウナギ、マダイやヒラメの活き造り、アサリの酒蒸しなど、まさに地元の幸のオンパレード。「山本亭」と同じ料理もあるが、「遠州灘天然とらふぐ」のフルコース、平日ランチに登場するネタが日替わりの「海鮮丼」は「太助」の看板メニューだ。

その希少性から幻のカニと呼ばれる「ドウマンガニ」を楽しみに訪れる客も多い。漁期は5月からだが「身の締まり具合が絶妙な9~12月が食べ頃」と山本さん。濃厚さをそのまま感じてほしいと、添えられているのはレモンのみ。ゆでただけのシンプルな料理だからこそ、素材本来の滋味が堪能できる。

2017年にリニューアルし、椅子席か座敷席が選べるようになった。窓の外に広がる浜名湖の景色もごちそうだ。

1.「ドウマンガニ」(100g)1500円　**2.**「遠州灘天然とらふぐ」フルコース(冬季限定)2万1600円　**3.**定番人気の「あさりの酒蒸し」702円　**4.**平日ランチ限定の「海鮮丼」1296円

鮮度抜群の浜名湖の幸を
気取らない魚河岸料理で楽しもう

魚河岸料理

太助

たすけ

☎053・592・1919

- 浜松市西区舞阪町弁天島3212-3
- 営業／11:30～14:30、16:30～22:00(21:00LO)
  ※土・日曜、祝日11:30～22:00(21:00LO)
- 休み／水曜
- 交通／JR弁天島駅から徒歩約10分、東名浜松西I.Cから車で約20分
- 駐車場／あり

コレもおすすめ

- ◆魚フライ定食 1512円
- ◆カキフライ定食(冬のみ) 1512円
- ◆お子様セット(2種類) 1080円

3
2
4

舞阪

生、かき揚げ、干し。「しらす三昧定食」で舞阪シラスを食べ尽くそう

浜菜坊

はまなぼう

☎ 053・592・1676
●浜松市西区舞阪町弁天島3101
●営業／11:30〜14:00、17:00〜21:00
●休み／火曜、第2水曜（祝日営業、翌日休み）
●交通／JR弁天島駅から徒歩7分、東名浜松西ICから車で17分
●駐車場／あり

舞阪漁港に揚がる新鮮な魚介類を中心に、浜名湖産ウナギも提供する店。まず味わいたいのが「舞阪シラス」だ。イチオシは鮮度が命の「生」。地元でしか味わえない身の締まったプリッと感を体感してほしい。

一番人気のメニューは、生シラス丼、生シラスのかき揚げ、ほどよい歯応えとやわらかさが共存するシラス干しがセットになった「しらす三昧定食」。生シラス丼には自家製だしと合わせた割りしょうゆが掛けられているが、さらに丼の半周ぐらいしょうゆを掛け、好みで一味唐辛子を、というのが店主おすすめの食べ方。一気にかき込めば、口中にシラスの風味が広がる。1〜3月の禁漁期間中も味わえるようにと関係者と共同で独自の真空冷凍技術も考案された。

「刺身定食」や「ドデカ天丼定食」「松花堂弁当」などがそろうランチタイムも好評で、地元ならではの味、夏の「遠州灘天然はも」、冬の「遠州灘天然とらふぐ」「スッポン」（通年）も楽しめる。

「生しらす丼」1180円。プリッと締まった食感と生独特のうま味を堪能して

【舞阪シラス】

美しい透明感と、プリプリした食感が魅力

マイワシやカタクチイワシの稚魚。明治の初めごろから行われていたという舞阪のシラス漁は、遠州灘を漁場に2艘で網を曳く「2艘船曳き網漁」。船上で素早く氷で締めて鮮度を保つことにより、美しい透明感が生まれる。春はやわらかく、秋は張りがある食感の違いも魅力。

1.いろいろ楽しめてお得な「しらす三昧定食」1880円 **2.**「刺盛」1680円～。タコ、イシダイ、マグロなど舞阪漁港に揚がった魚介を刺身で **3.**「鮎子の天ぷら」700円。唐揚げも好評 **4.**「真鯛煮」1200円。甘辛の煮汁が食欲をそそる

コレもおすすめ

- ◆刺身定食 1680円
- ◆天ぷら定食 1580円
- ◆牡蠣カバ丼 1500円

浜名湖牡蠣カバ丼

［浜松・舘山寺］

「カバ」は、蒲焼きのたれを使用することから。プリプリのカキが美味

1.松の家1728円　2.浜寿し1500円　3.喜福1500円　4.舘山寺園1600円　5.浜乃木1620円

浜名湖丼研究会が音頭を取り、2010年に誕生した「浜名湖牡蠣カバ丼」。カキをウナギの蒲焼き風に味付けした丼で「全国新・ご当地グルメ選手権」準優勝という栄誉を持つ。食べられるのは毎年11月から3月まで。現在舘山寺から弁天島周辺の15の飲食店が独自の「浜名湖牡蠣カバ丼」を提供する。

丼の条件は、浜名湖産のカキとのり、地元産のタマネギ、ミカンを使うこと。それ以外のトッピングは自由で、会の代表を務める「松の家」ではインゲンや白ネギをのせ、カイワレ大根や水菜を添える店も。秘伝の蒲焼きのたれがそれぞれの店の個性になっている。

この「浜名湖牡蠣カバ丼」の成功に続けと、18年5月には「遠州灘天然はも」を使った春・夏期限定の「鱧カバ丼」が登場した。

地元直伝！クッキング

浜名湖牡蠣カバ丼

ミカンの爽やかな風味がアクセント
地元素材で丼の中の浜名湖を自宅で楽しもう

蒲焼のたれは市販のもので大丈夫。たれの風味が後を引く絶品丼です。

〈材料〉（1杯分）

カキ…125g
タマネギ…150g
のり…適量
ミカンの皮…少量
ウナギの蒲焼きのたれ…適量
※好みでインゲン・白ネギ…適量

〈作り方〉

①タマネギをフライパンで炒める
②カキに薄力粉を付けて焼く
③ ❶と❷を蒲焼のたれで絡める
④丼にのりをまぶしたご飯を盛る
⑤❸を盛り付ける
⑥ミカンの皮を散らす

「松の家」店主・新村浩利さん

ここで食べられます

スッポンやフグのコースの他、遠州灘や浜名湖の魚介料理を幅広く提供。一番人気はやはりウナギで、特大蒲焼きが豪快に盛られた「長焼御膳」や、定番「うな重」が好評。外はカリッと香ばしく、身はふんわり。関西風の仕立てになっている。

割烹 松の家
まつのいえ

☎ 053・487・0108
●浜松市西区舘山寺町2306-4
●営業／10:30～14:30、17:00～20:00
※土・日曜、祝日10:30～20:00
●休み／火曜
●交通／JR浜松駅からバス50分徒歩2分、東名浜松西I.Cから車で約20分
●駐車場／あり

「うな重定食」4000円

関東、そしてアメリカで板前としての研さんを積んできた店主の磯川晶人さん。帰国し全国各地で物件を探していた中で出合ったのが、浜名湖に近いこの地。隠れ家のような店舗をオープンし、早20年が過ぎた。

客の要望に合わせた鮮度の良い食材を提供したいとの思いから、完全予約制を貫き、料理を盛る器にもこだわりを持つ。

料理は浜名湖の魚介や県内、浜松産の食材を中心にしたコース仕立ての懐石料理。終盤には「すし」も登場する。それもワゴンにネタやシャリなどを乗せて、客のテーブル席まで移動し、目の前で好きなものを握ってくれるという斬新な趣向だ。コハダやアナゴ、ヤリイカなど四季折々の浜名湖の幸を堪能しよう。

運が良ければ、磯川さん自身が浜名湖で釣った魚が登場することもある。妻の恵子さんが作る季節の和菓子がコースの締めを飾る。

先付「トリガイとアカガイと甘夏の酢の物」

完全予約制の隠れ家で、浜名湖の幸を満喫 客の目の前で握るすしワゴンも好評

いそ川

いそかわ

☎ 053・592・0515

●浜松市西区舞阪町弁天島3589-1
●営業／11:30〜14:00、18:00〜
●休み／月曜
●交通／JR弁天島駅から徒歩12分、東名浜松西ICから車で約20分
●駐車場／あり

1.「すし」浜名湖産コハダやアナゴ、ヤリイカなど **2.**焼き物「サクラマスの木の芽みそ焼き」 **3.**「刺身」ヤリイカは浜名湖産。中トロ、アカガイは三河湾産 **4.**「前菜」ワラビの煮物、小ナスの田楽他 **5.**「揚げ物」浜名湖産アカアシエビと青のりの天ぷら他。タケノコは浜北産

コレもおすすめ

◆昼コース 5400円〜

◆夜コース 8640円〜

1
4 2
5
3

旅館ならではのくつろぎ空間で浜名湖の絶景と旬の魚介を堪能

海賀荘

かいがそう

☎053・592・6833

- 浜松市西区舞阪町弁天島3419
- 営業／事前予約で柔軟に対応
- 休み／不定休
- 交通／JR弁天島駅から徒歩約20分、東名浜松西ICから車で約25分 ※JR弁天島駅から無料送迎バスあり
- 駐車場／あり

宿泊者用の風呂

夏には海水浴や潮干狩りに興じる人たち、冬には静かな湖面に浮かぶのりの養殖棚、夕暮れ時には茜色に染まる幻想的な世界…。そんな浜名湖の景色を独り占めできる湖畔の宿だ。食事だけでも利用でき、ゆったりくつろげる旅館の気分が味わえる。料理長自慢の生けすは、地下80ｍから汲み上げた海水を使用。舞阪漁港に揚がった旬の魚介を新鮮な状態で提供する体制も万全だ。

食事はコース料理が中心で、春は「生シラス」や「アサリの味噌鍋」、夏は幻のカニと呼ばれる「ドウマンガニ」、秋には「金目鯛のソテー香味野菜添え」や「甘エビのカルパッチョ」、冬は「牡蠣鍋」と、1年を通して浜名湖の幸が堪能できる。予約は前日の午前中までで、メニューや予算など柔軟に対応してくれるので気軽に相談してみよう。

もちろん宿泊し、ゆっくり料理を味わい、のんびり風呂に浸かるのもおすすめだ。

1.地元で捕れる「舞阪生シラス」 **2.**濃厚な味わいの「茹でドウマンガニ」 **3.**カツオ、カワハギ、タコなど浜名湖産の魚介が味わえる「刺身の盛り合わせ」 **4.**「金目鯛の姿煮」。残った煮汁を白いご飯に掛けて楽しむのもいい **5.**卵入りの「鯛の粗煮」。料理はすべてコースの一例。昼コース4320円～、夜コース5400円～

コレもおすすめ

- ◆夏ウニと車エビの酢の物
- ◆遠州のフルーツトマトサラダ
- ◆キンキの香草チリ蒸し

※各コースの一例

濃厚な味が魅力の「幻のカニ」

【ドウマンガニ】

浜名湖が誇るブランドの一つで、正式和名は「ノコギリガザミ」。地元では「ドウマン」「コウマル」とも呼ばれ、珍重されている。インド洋から太平洋の熱帯、亜熱帯地方などに生息し、国内でも漁場は数カ所あるが、浜名湖はその最北端に位置する。漁期の中心は7～11月とされ、水揚げ量が少ないことから「幻のカニ」とも言われる。ゆでて食べるのが一般的で、身やみその濃厚なうま味と甘みが魅力。爪の大きなオス、卵を持ったメスどちらも美味だ。

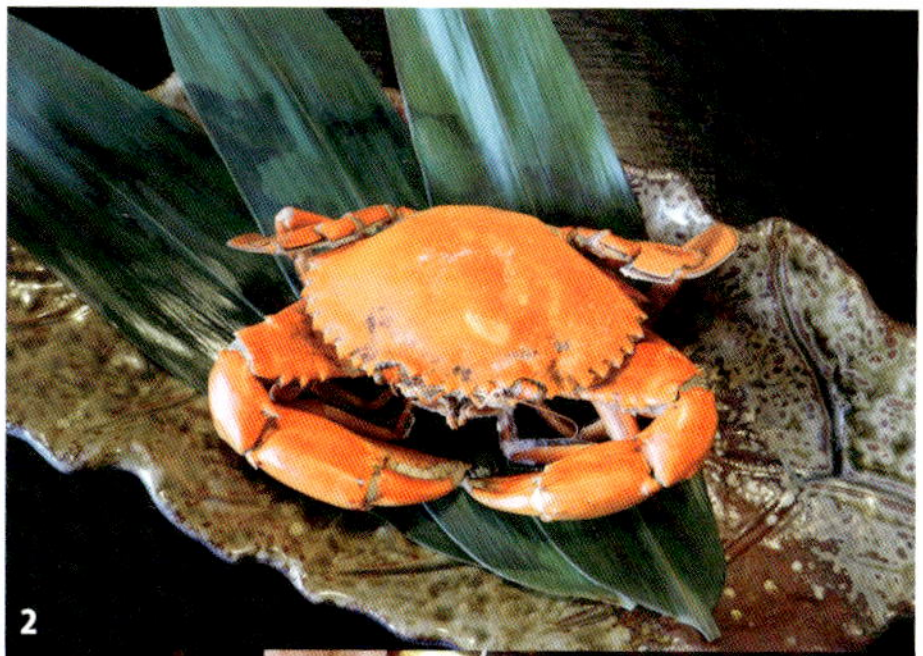

2

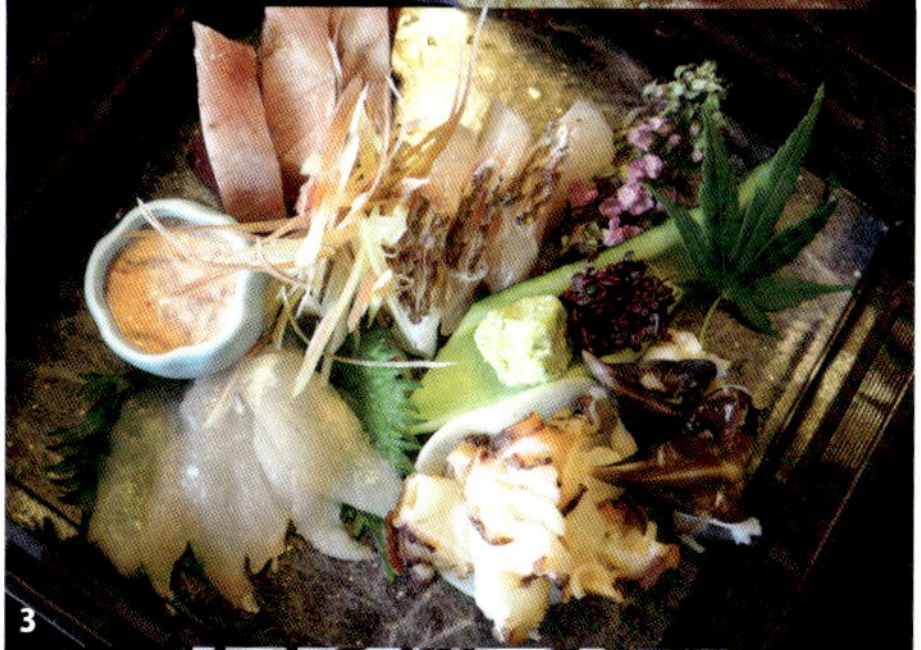

3

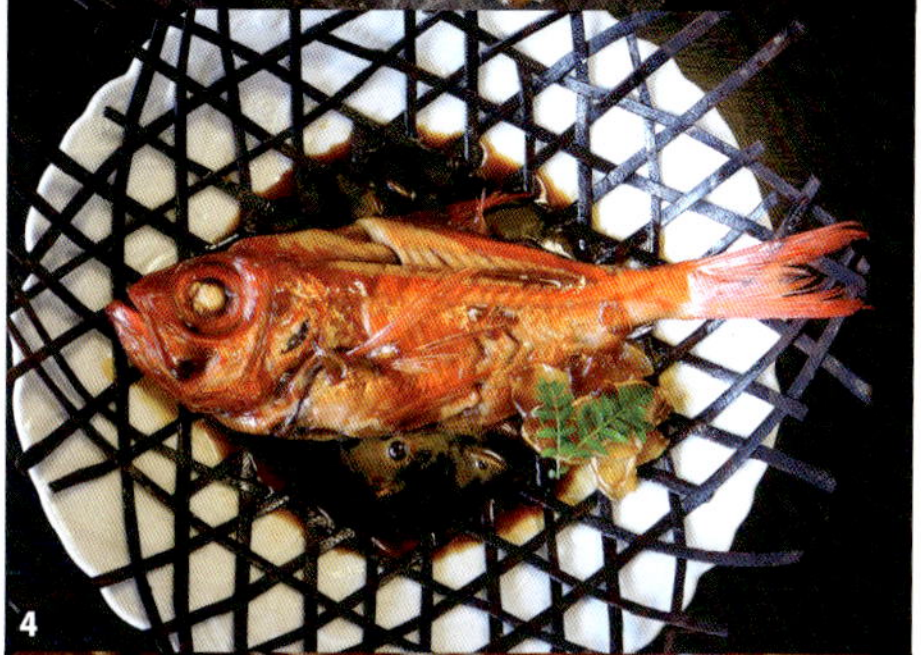

4

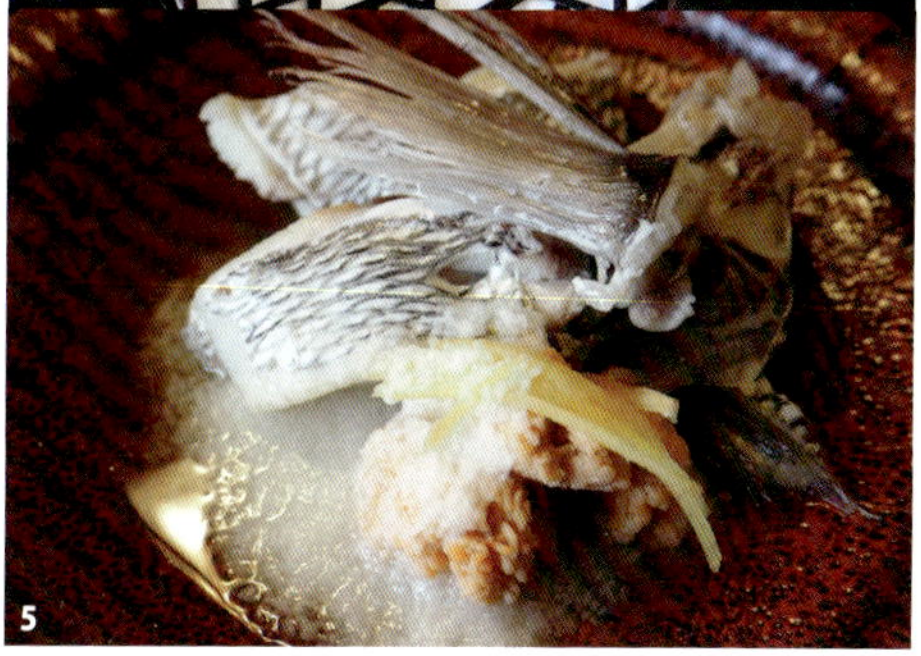

5

自宅の一室を食事処として開放する、ユニークな和食店。親戚の家にお呼ばれしたような、アットホームな雰囲気が心地良いと地元に愛されて20年になる。現在は2代目の村松利貞さんが四季折々の魚介を盛り込んだ御膳から丼、仕出し料理まで幅広く手掛ける。

品の良い盛り付けが好評の御膳は、刺身や天ぷらなど8種類。冬期限定の肉厚な「浜名湖産カキフライ」の登場を待ち望む人も多い。そして注目は、舞阪漁港で水揚げされるカレイやスズキなど白身魚の料理。仕入れの内容次第で登場する。「魚介はもちろんだけれど、麺や汁物でもほっこりしてほしい」との思いから、メイン料理にうどんかそばが付くランチや、単品の麺メニューも用意。宴会客には漁港関係者が多いため、会席料理（8品付き・3240円～）に珍魚を取り入れたり、浜松中央卸売市場内の卸業者から全国の鮮魚を取り寄せて変化を付けたりもする。そんな客への心配りが、地元に愛されている一番の理由だ。

和室1室だけの食事処です。ちびっこも大歓迎！

1.旬の地元産を中心に人気のネタをそろえる「刺身膳」1365円　2.「天ぷら膳」1365円。「天ぷらの盛り合わせ」単品は735円

アットホームな雰囲気が魅力 客思いの漁師御用達の穴場店

食處 むらまつ

☎ 053・592・3029／090・1861・4774
- 浜松市西区舞阪町長十新田86
- 営業／11:00～13:30、17:00～19:30
- 休み／月曜
- 交通／JR弁天島駅から徒歩約20分、東名浜松西ICから車で約30分
- 駐車場／あり

コレもおすすめ

◆エビフライ膳 1365円

◆串フライ膳 1260円

◆弁天島湖紀行（弁当）1100円

2

1

3

3.「ホウボウの煮つけ」時価
4.会席料理の「先付け」

4

1

2

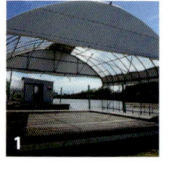

夜の浜名湖に出港し、灯りを頼りに船上からエビやカニ、クロダイなどをモリで突き、網で獲る独特の伝統漁法「たきや漁」。湖岸でたき火をしている時に、目の前を横切った大きな魚を青竹で突いたのが始まりとされ、後に船を出し、たいまつを光源とする方法が定着。現在は水中専用の照明を積み漁に出る。淡水と海水が混じり合う汽水湖の浜名湖は、肉眼で魚が見えやすい遠浅の地形で、800種類以上の魚介類が生息しているそうだ。

そんなたきや漁を体験できるのが「たきや遊船」。獲物を突くためのモリと、すくい上げるためのタモを使って漁師気分が味わえる。地元漁師のサポートがあるので心強く、漁を終えた後には湖上に浮かぶ「たきや亭」で釣果を調理してくれる。クルマエビやマダコ、クロダイ、ガザミなど自分で獲った魚介の天ぷらやみそ汁の味は格別。浜名湖の魚介を浜名湖の上で食べる、まさにここでしか体験できない最高のナイト・アミューズメントだ。

1.湖上に浮かぶたきや亭　2.湖上で漁師が腕を振るう　3.たきや遊船の様子　4.漁に使われる長さ4mのモリ　5.ふんわりとした身がおいしい「クロダイの天ぷら」　6.うま味たっぷりの「イシガニのみそ汁」　7.「アカアシエビの天ぷら」。香ばしさとパリパリの食感が美味　8.揚げたて熱々の「マダコの天ぷら」　9.カニ本来の味が堪能できる「タイワンガザミの茹で」　10.シンプル イズ ザ ベスト!「茹でマダコ」

浜名湖独特の漁法
たきや漁を体験&実食!

たきや漁・たきや亭

たきやりょう・たきやてい

☎ 053・592・2260(たきや組合)

●浜松市西区雄踏町宇布見9985-3
●営業/5〜9月末、日没後に90分の漁、90分の食事
※完全予約制
●休み/1隻3万円(大人4人まで)、調理なし2万7000円
●交通/JR舞阪駅からバス2分徒歩約20分、東名浜松西ICから車で約15分
●駐車場/あり

浜名湖料理と銘打つ自慢の料理は、浜名湖や遠州灘の魚介を中心に、ウナギ、スッポンの他、「遠州灘天然とらふぐ」や「遠州灘天然はも」なども提供。手頃な各種定食からコース料理、ちょっと贅沢な「旬のおまかせ」まで、熟練の板前が腕を振るう。フグにも負けないコリコリとした食感の「カワハギのお造り」、トロリとした脂が美味な「カサゴの煮付け」、あっさりしたカニのうま味をたっぷりと楽しめる「タカアシガニの刺身」、プリッとした食感と甘みが魅力の「車エビの塩焼き」、天ぷらの衣で風味を包み込んだ「シラスのかき揚げ」など、素材を生かした料理がコースで味わえる。旬の料理を堪能したいなら、本日の仕入れを聞いてみるのがおすすめだ。

海を望む贅沢な純和風の個室、宴会にも対応できる大広間、アンティークな雰囲気が漂うテーブル席など、シーンに合わせてゆったりと食事が楽しめる空間は、地元客はもちろん、観光客にも好評。有名芸能人やスポーツ選手もお忍びで訪れる。

1.肝しょうゆで味わう「カワハギのお造り」 **2.**梅肉を添えた「ハモの湯引き」 **3.**「車海老の塩焼き」 **4.**「カサゴの煮付け」。甘辛い濃い目の味付けがご飯に合う **5.**「タカアシガニの刺身」 **6.**「シラスのかき揚げ」。料理はいずれもコース料理3240円～の一例

お造り、焼き物、天ぷらで熟練板前の「浜名湖料理」を味わう

はませい

☎ 053・592・6178

- 湖西市新居町新居3390-7
- 営業／11:00～22:00
- 休み／12月31日のみ
- 交通／JR弁天島駅から徒歩8分、東名浜松西ICから車で約20分
- 駐車場／あり

コレもおすすめ

- ◆〈梅〉刺身定食 1944円
- ◆ひつまぶし 4104円
- ◆浜名湖定食 6480円

新居関所のお抱え魚屋として江戸末期に創業した、地元御用達の鮮魚店「紅葉屋」が営む。割烹と聞くと高級というイメージだが、ここは浜名湖や遠州灘で捕れる魚介を手頃な値段で、居酒屋感覚で楽しめる。

メニューは魚介の旬によって変わるが、「浜名湖あさり酒蒸し」「浜名湖あゆ子天ぷら」「本日の刺し身」といった定番から、ファンの多い「もちがつお」、オリーブオイル漬けにした自家燻製のシラスをフランスパンにのせた「しらす燻のブルスケッタ」などの洋風メニューも好評だ。店主の竹内清隆さんいわく「刺身なら盛り合わせがおすすめ。量も種類も多いから、お得だと思うよ」。料理に合う日本酒を全国から取りそろえているので、うまい酒を傾けながら、地元の魚介を味わう至福の時間を過ごそう。

浜名湖産のシラスやアサリ、新居産のカキ「プリ丸」などをリンゴのチップで燻製し、オリーブオイルに漬けた瓶詰め「燻」シリーズを土産に買えば、自宅でも浜名湖の味が堪能できる。

1

1.「しらす燻」(160g)800円、(95g)500円、「プリ丸燻(100g)」920円　2.「浜名湖あさり酒蒸し」650円　3.「浜名湖あゆ子天ぷら」650円　4.「しらす燻のブルスケッタ」650円　5.新居産「もちがつお」1800円

確かな目利きで浜名湖の幸を振る舞う老舗魚屋が営む割烹居酒屋

割烹 紅葉

かっぽうもみじ

☎053・594・8522

- 湖西市新居町新居1271
- 営業／11:00～14:00 ※昼の部は完全予約制 17:30～23:00
- 休み／月曜
- 交通／JR新居町駅から徒歩約10分、東名浜松西ICから車で約25分
- 駐車場／あり

コレもおすすめ

◆舞阪産メヒカリからあげ 650円

◆燻製のアヒージョ 1300円

◆三ヶ日和牛イチボ（三ヶ日山本牧場）2000円

Let's Go!!

ぶらり歩こう!

港町

舞阪 しらす通り界隈

舞阪漁港までののんびり1キロ シラス店が点在する旧東海道を散策

舞阪宿があった旧東海道をぶらり。舞阪はシラス漁で知られる街。「しらす通り」には、古くは明治初期から続くシラスの量り売り専門店が点在している。それぞれ製法が異なり、味の個性もいろいろだ。浜名湖産青のりを使った香り高い「海苔」も合わせて購入しよう。

しらす通りの近くにある「舞阪脇本陣跡」

シラスのおいしい食べ方、お教えしま～す。

極上から小エビ混じりなど 用途に合わせた豊富さが自慢

② 丸吉 堀江商店 まるきち ほりえしょうてん

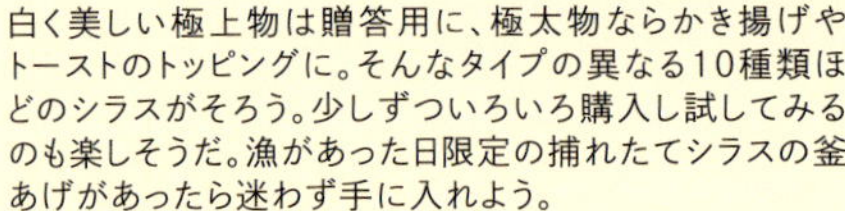

白く美しい極上物は贈答用に、極太物ならかき揚げやトーストのトッピングに。そんなタイプの異なる10種類ほどのシラスがそろう。少しずついろいろ購入し試してみるのも楽しそうだ。漁があった日限定の捕れたてシラスの釜あげがあったら迷わず手に入れよう。

☎053・592・0148
- 浜松市西区舞阪町舞阪1794-2
- 営業／8:00～18:00 ※土・日曜～18:30
- 休み／なし
- 交通／JR弁天島駅からバス3分徒歩6分、東名浜松西ICから車で約25分
- 駐車場／あり

1.「極上しらす」410円、「小エビ混じりしらす」302円 ※各100g。シラスの値段は時期により変動する 2.黒・青のりを混ぜた「ぶち(混ぜ)のり」が並ぶ

昔ながらの製法にこだわる 無添加の体にやさしい味わい

① 山惣堀内商店 やまそうほりうちしょうてん

釜ゆでから天日干しまで、すべて手作業。明治元年の創業以来、4代にわたり伝統製法を守り抜く。「赤穂の塩」のみの味付けで、添加物不使用。やさしい塩味と素材本来のうま味を実感できる。レトロな紙袋に包んでくれる量り売りも素敵。

☎053・592・0307
- 浜松市西区舞阪町舞阪1779
- 営業／8:00～18:30
- 休み／水曜 ※7・12月は無休
- 交通／JR弁天島駅からバス3分徒歩7分、東名浜松西ICから車で約25分
- 駐車場／あり

1.手頃な270円～「上乾」432円までそろう ※各100g

少量製法で安心素材を届けます!

漁を終えた漁船から直接買う 行列必至！ の捕れたて生シラス

④ 舞阪漁港えんばい朝市
まいさかぎょこうえんばいあさいち

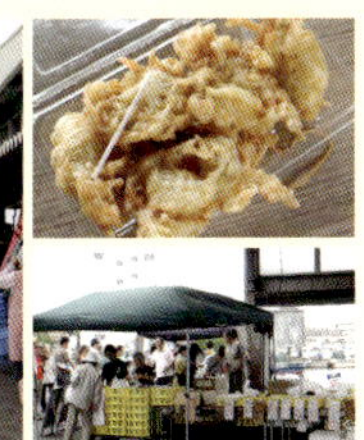

朝水揚げしたばかりの生シラスが手に入る、舞阪漁港の朝市。開催は4～7月の第3土曜。生シラス、釜揚げシラス、干物、佃煮の販売ブースの他、「しらすフリッター」など飲食ブースも出店。生シラスの購入には整理券が必要なので会場入りはお早めに。

☎ 053・592・3811（浜名商工会内実行委員会）
※当日☎053・592・0320

- 浜松市西区舞阪町舞阪2119-19（舞阪漁港魚市場）
- 開催／4～7月までの第3土曜、7:00～10:00 ※商品がなくなり次第終了
- 交通／JR弁天島駅からバス3分徒歩4分、東名浜松西ICから車で約25分
- 駐車場／なし ※弁天島海浜公園駐車場（無料）を利用

舞阪シラスの知名度アップに貢献 国内だけでなく世界に発信

③ まいさか丸三 堀江三郎商店
まいさかまるさん ほりえさぶろうしょうてん

舞阪シラスは
日本一、世界一！
と思っています。

舞阪漁港のシラスの知名度を広げたいと、加工品にトライ。浜名湖産青のりとコラボした「青海苔たたみいわし」はむらこし特産品コンテストで審査員特別賞を受賞。繊細な味と美しさ、その確かな技が、首都圏や海外の日本料理店から注目されている。

☎ 053・592・0465

- 浜松市西区舞阪町舞阪2037-1
- 営業／9：00～16：00
- 休み／不定休
- 交通／JR弁天島駅からバス3分徒歩2分、東名浜松西ICから車で約25分
- 駐車場／あり

1.「青のりたたみいわし」（ハガキ判3枚1袋）324円

港町の人気鮮魚店

姿の美しい魚は、
味もいいんです！

「ドウマンガニ」
時価

「イトヨリ」時価

⑤ 丸小水産 まるこすいさん

小売りOKの仲卸店は鮮度も、価格も、並べ方も豪快！

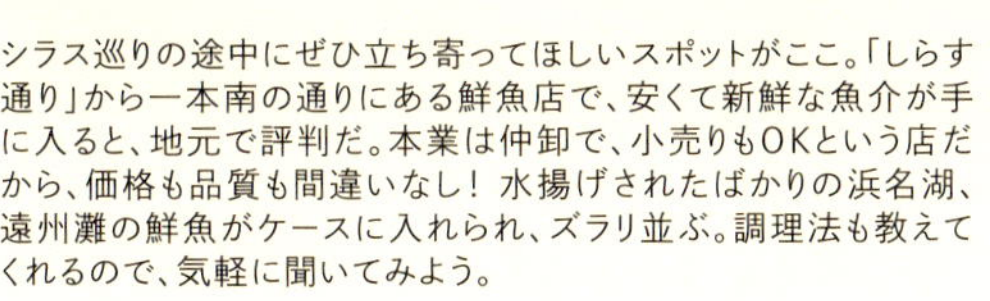

シラス巡りの途中にぜひ立ち寄ってほしいスポットがここ。「しらす通り」から一本南の通りにある鮮魚店で、安くて新鮮な魚介が手に入ると、地元で評判だ。本業は仲卸で、小売りもOKという店だから、価格も品質も間違いなし！ 水揚げされたばかりの浜名湖、遠州灘の鮮魚がケースに入れられ、ズラリ並ぶ。調理法も教えてくれるので、気軽に聞いてみよう。

☎ 053・592・0342

- 浜松市西区舞阪町舞阪2077-2
- 営業／9：00～日没
- 休み／火曜 ※GW、年末は営業
- 交通／JR弁天島駅からバス3分徒歩1分、東名浜松西ICから車で約25分
- 駐車場／あり

日本で唯一、漁が行われているのは駿河湾だけ
透き通ったピンクの宝石よ、永遠に

【サクラエビ】

地元ブランド
Local Brand

sakuraebi

由比と言えば「サクラエビ」。その名は全国に知られ、由比漁協直営の食堂「浜のかきあげや」には全国から多くの客がその味を求めやって来る。実はこのサクラエビ、駿河湾だけでなく遠州灘や相模湾、東京湾にも生息しているが、その量は極めて少なく、漁業として許可を得ているのは由比、蒲原、大井川漁協だけ。日本で唯一、まさに駿河湾の宝だ。

由比のサクラエビ漁の始まりは、明治27年11月のとある夜。アジの網引き漁の最中に偶然網が深く沈んでしまい、大量のサクラエビが網に入ったことから、とされている。漁期は春漁が3月下旬～6月上旬、秋漁は10月下旬～12月下旬で、漁場は富士川沖。日中は水深200～500mの深海で生活し、夜になると30～60mまで浮上してくる習性から、漁が行われるのは夜。1ヶ統（2隻1組）で網を曳く「2艘船曳き漁法」で現在、由比24ヶ統、蒲原18ヶ統、大井川18ヶ統。由比・蒲原のここ10年の年間水揚げ量は702～1401t。海流の影響もあるが、残念ながら減少しているそうだ。

1.漁期は春と秋にあるが、悪天候や漁のない休前日を引くと、実際に漁に出られる日は40～50日しかない　**2.**水揚げはその夜の漁によるが夜9時ころから始まり、すぐさま巨大冷蔵庫に入れられる　**3.**セリの開始は翌朝5:45。仲買人や卸問屋、加工業者が鮮度やサイズを見て値を決め、紙に書いて箱に入れる入札式　**4.**高値を付けた人に落札される

3
大日丸
4
2
諏訪丸
井

直売所の一番人気は「冷凍生」さらに「釜揚げ」「素干し」と続く

殻も内臓もすべて丸ごと食べられるサクラエビ。最も人気の高い加工品は「冷凍生」だ。地元でも漁があった日にしか食べられなかった希少品が、冷凍技術の進歩で年間を通して食べられるようになった。「素干し」は「生」をそのまま天日干ししたもので、明治時代から作られていたようだ。うま味が濃く、焼きそばなどの料理にも相性がいい。そのまま食べておいしいのは「生」をサッとゆでた「釜揚げ」。甘みが増し、磯の香りもみずみずしい。由比港漁協青年部が開発した「沖漬け」も人気上昇中だ。

5

6

5.サクラエビの甘みを引き出す程度の塩水で2〜3分ほどゆで、ひげを取り除き、冷却。あっという間に「釜揚げ」が完成　**6.**「素干し桜えび」850円、「釜揚げ桜えび」1400円、「生桜えび」1200円、「桜えび沖漬け」900円（由比港漁協直売所）　**7.**春から初夏の風物詩でもある富士川河川敷の天日干し風景。朝7時頃から干し始め、午後2時頃には完成する

7

「桜海老ふりかけ」500円、「桜えびコロッケ」850円、「桜えびクリームソース」1000円、「桜えび餃子」750円、「桜えびご飯の素」730円、「えびめん」540円、「桜えびパスタ」750円（由比港漁協直売所）

9　8

8.「桜えびさいだー」250円・「桜えび佃煮」（54g）540円（渡辺忠夫商店）、「桜えびの揚げ玉」330円・「桜えび塩」432円（原藤商店）、「桜えびのソフトせんべい」680円・「桜えび茶漬け」670円（かくまつ岩松商店）、「桜えび入りさつま」486円（こめや食品）、「潮桜えび」410円（原浦商店）
9.直売所で販売されているサクラエビの沖漬けが、「漁師の沖漬け丼」800円として食べられる（浜のかきあげや）

佃煮、お茶漬けから パスタ、餃子、サイダーまで

由比には現在、サクラエビの加工業を営む店が34店ほどあり、釜揚げ、素干しなどの他にも、アイデア満載の加工品が開発、販売されている。例えば佃煮やお茶漬け、ご飯の素、ふりかけ、さつま揚げ、塩、せんべい、揚げ玉。ユニークなところではサクラエビ入りの即席煮麺やパスタソース、餃子、コロッケ。極めつけはサクラエビ風味のサイダーだ。加工品土産は漁協直売所の他、由比桜えび通り近くに点在する加工直販店でも販売している。

ここで食べられます

冷凍生、冷凍釜揚げ、素干しなどサクラエビのお土産を買うならココ。運が良ければ、前日夜に水揚げされたばかりの正真正銘の「生」に出合えることもある。すぐそばに漁協直営の食堂「浜のかきあげや」もあるので、合わせて訪れてみては。

由比港漁協直売所
ゆいこうぎょきょうちょくばいじょ

☎054・377・1111
●静岡市清水区由比今宿字浜1127
●営業／8:00〜17:00
●休み／月曜、祝日の翌日
●交通／JR由比駅から徒歩5分、東名清水ICから車で15分
●駐車場／あり

伊東

脂ののりのいい新鮮な地キンメ
キンメの干物1500円~

伊東で水揚げされる地キンメは脂ののりが上品で、うま味もピカイチ。刺身にできるほど鮮度のいいものを干物にしている

サバの干物 280円~
みりん干し同様ファンが多い、ご飯が進むサバの干物

脂カマスの干物 300円~
漁期は春まで。脂ものってうま味が凝縮!

誰もが喜ぶ、お土産はこれで決まり!
アジの干物 130円~

伊東土産の定番中の定番。大きさによって異なるもののお手頃価格なのは魅力。朝食に伊東の味を加えよう

港町のお土産を買うならココ

ひっくり返すのは1回だけ
干物専門店が焼き方を伝授

ふじいち

☎0557・37・4705
●伊東市静海町7-6
●営業/7:00~17:30 ※食堂10:00~16:00(15:00LO)
●休み/なし
●交通/JR伊東駅から徒歩約20分、東名沼津ICから車で約1時間
●駐車場/あり

漁師だった先代が開店して約70年。伊東で水揚げされた魚を干物に加工して販売している。店のこだわりは完全天日干し。中までしっかり干すことで、うま味が凝縮し日持ちするのだそう。土産としてはもちろん、購入した干物を2階で味わうこともできる。最高の干物を上手に焼くコツは、身と皮を7対3の割合で焼くこと。何度もひっくり返さず、中火で焼き上げるのがポイントだ。食堂の人気メニュー、ふじいち発祥の漁師めし「ねごめし」は、今や伊東名物として知られている。

10年かけてたどり着いた秘伝の味

いかの塩辛（200g）800円、（500g）2000円

味付けは塩のみ。10年ほどかけてたどり着いた味わい。身を軽く干すことで水分を適度に抜いている

イカ生干し 480円～

生干しならではのやわらかさが美味。軽く炙って召し上がれ

エボダイの干物 130円～

白身魚は干すことでうま味が増し、深みのある味わいになる

2階の食堂で、焼いて味わう絶品干物

「おまかせ定食」1620円は5～6種類の地魚が盛られた刺身に、干物、釜揚げシラスが付いたお得な定食。干物は季節によって異なるが、アジ、カマス、サバから選べる。焼き代162円で1階で買った干物も味わえる

天日干しだから身がしっかり！焼けば違いが分かるよ。

サバのみりん干し 280円～

脂ののったノルウェー産を漬け込んで天日干ししたもの。食堂でも一番人気

カワハギのみりん干し 100円～

小振りのサイズが食べやすい。軽く炙ってお酒のアテに

水カマスの干物 120円～

漁期は夏以降。サイズは15cm弱と脂カマスより小振りだが味は引けめなし

下田自慢の
品々をどうぞご
賞味ください！

干物、みそ漬け、スモーク、せんべい…
仲買人厳選の下田キンメ土産がいろいろ

まるいち

☎0558・22・8577
●下田市外ヶ岡1-1
●営業／9：00～17：00
●休み／なし
●交通／伊豆急行線下田駅から徒歩15分、東名沼津ICから車で約2時間
●駐車場／あり

道の駅「下田開国みなと」内、下田市で海産物製造を営む大悦水産の直営店。下田港に揚がる地魚の干物や漬魚の他、スモークキンメやキンメのせんべいなどオリジナル加工の商品も豊富にそろい、店内はいつも観光客でにぎわっている。「すべては味が大事」と話すのは2代目・大川勝利さん。自信を持って推薦する土産物はすべて自らの目と舌で厳選する。下田の街を盛り上げるオリジナル商品の開発にも積極的に取り組んでいる。

下田の名物料理をお土産に
金目鯛姿煮 2376円
キンメの贅沢な姿煮を自宅でも味わえるようパック入りで販売。甘辛く味付けした煮汁と白米は相性抜群

金目鯛みりん漬け 時価
酒粕がほのかに香り、キンメのおいしさがさらに際立つ

岩のり 1380円
1～3月が旬。みそ汁やうどんにふり掛けて、磯の香りを楽しんで

黒のり 1850円
伊豆近海で獲れた岩のり。手作業で仕上げられた懐かしい味わい

ご飯はもちろん、酒のアテにもぴったり
金目鯛干物 時価
1枚1枚丁寧に手仕上げする干物は不動の人気。脂ののりも申し分ない。良質なキンメならではのホクホク感を楽しんで

研究を重ねた風味豊かなせんべい
金目鯛せんべい（12枚）648円
自社のキンメのだしを使い、試行錯誤を重ね生まれたキンメ風味のせんべい。素材を生かした自然な味わいが人気

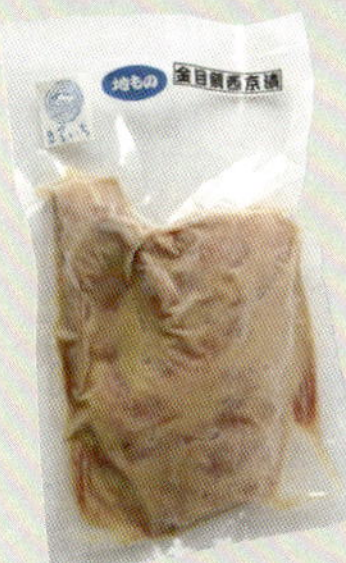

金目鯛西京漬半身
1620円
西京漬半身1切入り。パック入りなので自宅用はもちろん、お土産にしても喜ばれそう

かじきまぐろ
みそ漬け 880円
地物のカジキマグロを使ったオリジナル。マグロのうま味を引き出した商品

金目鯛煮付け
みそ漬けセット 2700円
西京漬けと煮付けが半身ずつ入るお得なセット。両方楽しみたい人におすすめ

下田名産のキンメダイを冷燻製した
自家製のスモークキンメ
厳選した下田産の良質なキンメを、桜のチップを使い20℃以下で長時間燻製した自家製スモークキンメ。生ハム感覚で味わえる、地場産品コンテストの入賞商品だ。オリジナルドレッシング付きなのでサラダのトッピングにしても。

売切れ御免の「朝開き干物」
キンメダイ 1706円（時価）
サイズが大きいほど脂がのっているそう。人気の朝開きの干物は数がないため、昼には完売することも

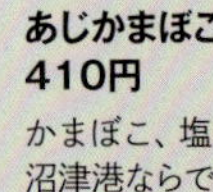

あじかまぼこ
410円
かまぼこ、塩辛など沼津港ならではのお土産が手に入る

港町のお土産を買うならココ

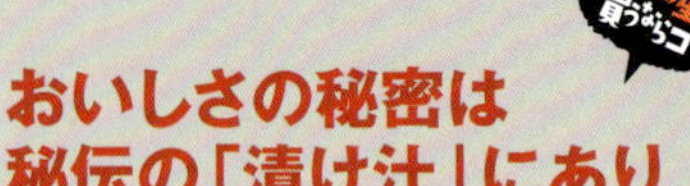

おいしさの秘密は秘伝の「漬け汁」にあり

サスヨ海産市場

さすよかいさんいちば

タコ一夜干し
1598円（時価）
広げた姿は圧巻。焼いても、炒めても、唐揚げにしてもいい

☎055・951・5661
●沼津市千本港町105-1
●営業／9:00～16:00 ※日曜、祝日～17:00
●休み／なし
●交通／JR沼津駅からバス10分徒歩5分、東名沼津ICから車で約30分
●駐車場／近隣にコインPあり

店先に広がる天日干しの光景が道行く人の足を止める、創業80年の老舗干物店。セリの仲買権を持ち、毎朝沼津港から仕入れる新鮮な魚を一枚一枚手開きする。秘伝の甘塩味の漬け汁は、創業当時から継ぎ足し使い続けているもの。これに漬けることで魚本来の風味とうま味が増幅するそうだ。干物はアジ、キンメダイ、エボダイなどを中心に、マグロの血合いのしょうゆ干しといった珍しいものも。手長エビの他、サザエやハマグリなどの貝類もそろう。

朝捕れの甘～い深海エビ
手長エビ 2138円（時価）
小振りだが味のインパクトは大！ 買ったらその場で焼いて食べるのがおすすめ

一度は食べてみたい「入賞干物」

真アジ干物（3枚）734円

平成29年度農林水産大臣賞を受賞したこだわりの逸品。脂がのった肉厚の干物は贈答用にもぴったりだ

カサゴ（1枚） 410円

白身であっさりした味わい。1枚から購入可能

マグロ血合い醤油干し（1盛） 410円

通好みの一品。栄養価が高く、アテとしても美味

まずは試食コーナーで味比べ

試食用の切り身を備え付けの七輪で焼いて食べることができる

活サザエ（1カゴ）2157円

貝類も豊富にそろう。その場で焼いて食べるのはもちろん、お土産にしても

アカムツ 1617円（時価）

脂がのった白身の高級魚。甘さがあり上品な味わい

おいしい PLUS

磯の香広がる海鮮浜焼き

サザエ、ホタテ、大沖アサリ、エビ、ハマグリ、干物など、店で購入した魚介をその場で焼いて食べられるコーナーもあります（セルフサービス）。貝1つからでもOKです。

御前崎のブランド魚が、エッ、この値段!?
カツオ 1本800円～(時価)、冊パック399円～

やっぱり刺身で食べたい鮮度抜群のカツオ。御前崎の近海ものがこの安さで手に入るのは地元ならでは。＋100円～で下ろし、刺身にしてもらえる

御前崎漁港直送。鮮度は折り紙付き！
海鮮BBQの買い出しにもおすすめ

カネヒロ水産

かねひろすいさん

☎ 0548・58・0415
●牧之原市新庄1215
●営業／9:00～17:00
●休み／水曜
●交通／JR菊川駅から車で30分、東名相良牧之原ICから車で20分
●駐車場／あり

御前崎漁港に揚がった新鮮な魚がそろう「魚のデパート」。さまざまな種類の尾頭付きの魚がところ狭しと並ぶ様子は、さながら魚市場だ。そして驚くのがその量と価格。アジひと山650円や、ピチピチの丸々太ったカツオ800円など、どの魚も目が澄んでいて、素人目にも新鮮さが分かる。品ぞろえのいいおすすめの時間帯は、セリが終わって魚が入ってくる朝9時と午後2時ころ。売り切れ御免の、土・日曜、祝日限定「手づくりちらし寿司」555円もお見逃しなく。

アジ（1盛り） 650円（時価）
10本近く入ったかご売り！ 太っ腹が気持ちいい

キンメダイ（4尾）
2550円（時価）
これだけあれば煮付けはもちろん、炙りやしゃぶしゃぶにしてもいい

トコブシ 399円～
小さめだけど味は濃厚。貝類もパック売りで並ぶことがあるので要チェック

生があるのはやっぱり地元だから
生シラス&生サクラエビ 各時価

春と秋の漁期しか出合えない「生」があったらぜひ！ ちなみに取材日の価格は1パック、シラス500円、サクラエビ880円

ミンククジラ刺身 399円～
珍しいクジラの刺身も。意外にやわらかく、くせになりそう

マグロ刺身 399円～
毎日、種類豊富な刺身がそろい、定休日の前日はオール1パック399円、組み合わせ自由の2パック699円の大特価になる

大アサリ 350円
BBQに人気の貝類も充実。バターを落として食べるのがおすすめ

レンコダイ 大900円、小650円(時価)
「キダイ」とも呼ばれる小振りの白身魚。酢メやカルパッチョに

アサリ（1網） 350円～
産地、価格はさまざまだが、貴重な浜名湖産があることも

おいしいカツオは「しま」で分かる

「丸みがあって、横じま模様がはっきりしているのがおいしいよ」と教えてくれたのはスタッフの松井弘子さん。冊の場合は、脂がのった「雌節（腹側）」か、さっぱり目の「雄節（背中側）」かをチェック。お好みで。

塩焼きも捨てがたいが、刺身も絶品
タチウオ刺身 399円～

1本買って塩焼きにしてもいいが、せっかく鮮度が良いのだから刺身に。脂がのって食べ応えあり

港町のお土産を買うならココ

雄踏

鮮度抜群の浜名湖の幸満載
手作り弁当や朝採れ野菜もお見逃しなく

よらっせYUTO

よらっせゆうとう

☎053・597・2580
●浜松市西区雄踏町宇布見9981-1
●営業／9:00～18:00
●休み／水曜（祝日営業）
●交通／JR舞阪駅からバス2分徒歩約20分、東名浜松西ICから車で18分
●駐車場／あり

ユニークな店名の由来は、「寄っていってくださいね」という意味の遠州弁と、雄踏（ゆうとう）の地名を合わせたもの。浜名漁協雄踏支所に揚がった四季折々の魚介をメインに、野菜は車で約20分圏内の生産者から直接仕入れる、地元食材満載の直売所だ。アユの稚魚「アユゴ」という一般市場には出回らない魚や、幻のカニ「ドウマンガニ」「浜名湖産アサリ」などは、出合ったらラッキーのレアもの。のりや佃煮、漬物などの手作り品、菓子などのお土産もそろう。

ご飯のお供に
風味豊かなのりの佃煮
浜名湖のりビン 450円
ちょっと甘め目の味付け、浜名湖産のりの佃煮。プレーンの他、舞阪シラス入り、国産シソ入り、北遠シイタケ入りも

遠州・舞阪
釜揚げしらす
(100)g340円
量り売りの地元産釜揚げシラス。しょっぱすぎない、やさしい塩味がいい

舞阪産生青のり 190円
さっと洗ってしょうゆやフルーツ酢を掛けて召し上がれ。みそ汁に入れても美味

セイゴ1パック 約450～600円
浜名湖産出世魚・スズキの幼魚。煮ても焼いてもOK

売切れ必至！
手作り蒲焼き弁当
うなぎ弁当 1000円

自家製だれがたっぷりかかった「うなぎ弁当」は午前10時頃に並ぶ。時期によってはアサリやカキの弁当も販売される。

すっぽんスープ（スタンダード）648円
お土産にぴったり！ 地元・舞阪の服部中村養鼈場製のスープレトルトパック

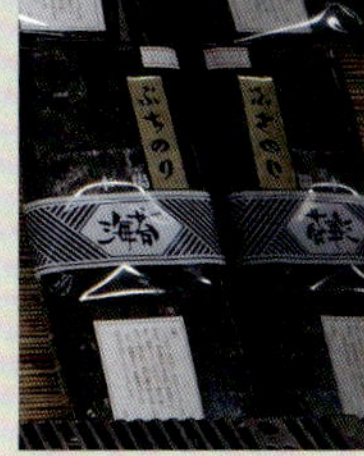

遠火で軽く炙って磯の香りを楽しんで
ぶちのり 2060円
青のりと黒のりをブレンドした板のりが「ぶちのり」。もちろん「青のり」と「黒のり」単体の販売もあり、お得な「傷のり」「ばら干し」も

生のアユゴ（1パック）1000円
希少価値の高いアユの稚魚。香りとほろ苦さが楽しめる

魚の目利きのポイントは、目とうろこ
魚の選び方を教えてくれたのは店主の藤本朱實さん（左）と、スタッフの井口眸さん。まずは目が澄んでいるものを選ぶのがポイント。さらにウロコがまばらに外れていないかも要チェック。うろこのきれいなことが鮮度の良さの証しだそう。

浜名湖産あさり（1袋500g） 550円
大きめのふっくらした身が特徴。砂出し済みで販売されているのがうれしい

セロリ漬け 380円
甘酸っぱさと食感の良さが魅力。日本一の生産量を誇る浜松産セロリを使用

コリコリした白身のおいしさに感動
セイゴ刺身 324円
出世魚スズキの幼魚。あっさり淡白な味ながら、上品な甘みとコリコリッとした食感がくせになる

港町のお土産を買うならココ

浜名湖、遠州灘の天然物にこだわるご当地魚屋は、総菜も充実

うおなみ

セイゴのマリネ 540円
セイゴを揚げて南蛮漬け風に。タマネギ、ニンジンがたっぷり入ってさっぱり味わえる

☎ 053・522・1069
●浜松市北区細江町気賀9554-2
●営業／7:00ごろ〜18:30 ※冬期〜18:00
<食事処>11:00〜14:00
●休み／水曜 <食事処>土・日曜、不定休
●交通／天竜浜名湖線西気賀駅から徒歩12分、東名三ヶ日ICから車で10分
●駐車場／あり

品ぞろえが他の魚屋と異なり、定番のマグロなどはなく、扱うのは浜名湖、遠州灘の天然物が主流。春から夏はモチガツオや天然ウナギ、アサリ、クルマエビ、クロダイ、ドウマンガニ、秋から冬にはクマエビやハゼ、カキなどが並ぶ。そしてうれしいのが、浜名湖産魚介の佃煮やマリネなど、総菜類が充実していること。食事処も併設しているので、タイミングが合えば天然のウナギの蒲焼きが味わえるかも！

ほろ苦い大人の味。お酒のアテに
湖アユ佃煮 648円
アユの稚魚を甘辛く煮付けた佃煮。ご飯にも、お酒にも合うほろ苦さがたまらない。生も販売しているので、天ぷらや唐揚げに

青のり佃煮 432円
自家製の浜名湖産青のりの佃煮。白いご飯にのせて食べたい

天然ウナギ 時価
天然ウナギの特徴はお腹の黄色さ。そのため「山吹ウナギ」と呼ばれることも。適度な脂が魅力

だし昆布をプラスして、おいしさ倍増!
アサリ料理の定番みそ汁。だし昆布を加えると、さらにアサリのうま味が引き出されるとの耳寄り情報を入手。お試しを。

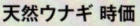

ハゼ甘露煮 時価
お腹が黄色く膨らんだ子持ちのハゼを使用。全国にファンがいるそう

シバエビ 時価
活シバエビが格安！生でも天ぷらでも、その食感と香りが楽しめる

保存料未使用。ファンが多いご飯の友
ボラ味噌 410円
丁寧に骨を取って身をほぐし、数種類の砂糖とみそを合わせて完成。他ではなかなかお目にかからない、自家製の珍味

清水魚市場 河岸の市
しみずうおいちば かしのいち

仲買人が直接販売 市場の雰囲気も魅力

仲卸業者が目利きをした清水港水揚げのマグロや釣りたての鮮魚、シラス、サクラエビ、黒はんぺんなどを扱う店が軒を並べる。活気のある市場の雰囲気が楽しめるのも魅力。魚のプロにおいしい食べ方を聞くのもいい。

「生本マグロ大トロ」(100g)約1600円(みやもと)

1.捕れたて「太刀魚」730円くらい～(魚彩) 2.すし「上小町」640円他(みかみ)

☎054・355・3575
- 静岡市清水区島崎町149
- 営業／9:30～17:30
- 休み／水曜(祝日営業、翌日休み)
- 交通／JR清水駅から徒歩5分、東名清水ICから車で10分
- 駐車場／あり

静浦漁協直売所
しずうらぎょきょうちょくばいじょ

水揚げ後すぐに釜揚げ 冷凍するから、鮮度抜群

静浦漁港で水揚げしたシラスを市場横の作業場ですぐに釜揚げし、箱詰め。即座に冷凍するため鮮度の良さはお墨付き。天日と駿河湾を渡る風で干し上げた干物や、静浦で捕れたヒジキ、シラスのスモークも注目！

1.「静浦しらすスモーク」(1ビン)500円
2.「静浦青壮年部　乾燥ひじき」(1袋)500円

☎055・931・3010
- 沼津市獅子浜243-1
- 営業／8:30～16:30
- 休み／土・日曜、祝日
- 交通／沼津駅からバス20分徒歩5分、東名沼津ICから車で35分
- 駐車場／あり

戸田漁協直売所
へだぎょきょうちょくばいじょ

地元住民御用達 深海魚も並ぶ戸田の台所

捕れたて鮮魚と、名物タカアシガニ、地物のサザエやイセエビもそろい、水深300mで育つホンエビの人気も上昇中。メギスやメヒカリなどの深海魚は焼いても揚げてもおいしい。毎月第3金曜の特売日が狙い目。

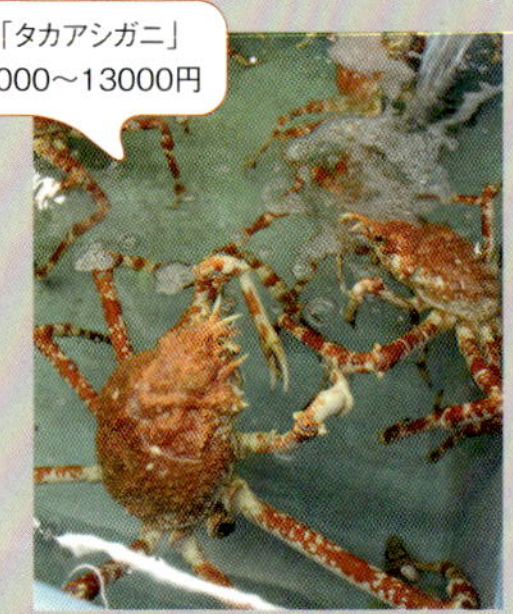

「タカアシガニ」9000～13000円

1.「活サザエ」(1kg) 1600円程度(時価)
2.「めひかり唐揚」980円

☎0558・94・2082
- 沼津市戸田523-9
- 営業／8:00～17:00
- 休み／水曜(GW中は営業)
- 交通／JR沼津駅からバス約1時間徒歩5分、伊豆縦貫道修善寺ICから車で35分
- 駐車場／あり

御前崎 海鮮なぶら市場
おまえざき かいせんなぶらいちば

鮮魚が入る午前10時と午後2時半が狙い目

遠州灘に接する御前崎は漁場が近く、1日に2回あるセリの後は、カツオ、キンメダイ、アジといったとびきり鮮度の高い魚が並ぶ。シラス干しは干し時間によって食感が異なり、種類豊富。「食遊館」で食事もできる。

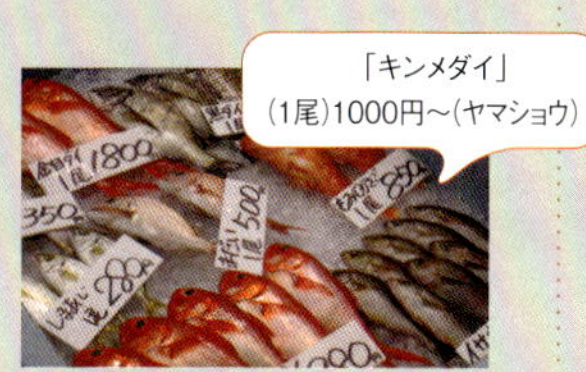

「キンメダイ」(1尾)1000円～(ヤマショウ)

「しらす干し」(125g)500円(共栄水産)

1.「手火山式本枯カツオ節」(100g)600円
2.「なまり節」680円(マリンステーション大沢)

☎ 0548・63・6789
- 御前崎市港6099-7
- 営業／9:00～17:00 ※土・日曜、祝日8:30～、食遊館9:00～21:00 ※店舗により異なる
- 休み／火曜
- 交通／JR静岡駅からバス約1時間40分徒歩10分、東名相良牧之原ICから車で20分
- 駐車場／あり

焼津さかなセンター
やいづさかなセンター

60もの専門店が大集合 買って食べて海の幸三昧

焼津・小川・大井川港に水揚げされた魚介が集まる市場。早朝は仲買人などプロ限定だが9時からは一般開放。マグロやカツオから、水産加工品、ウナギまで60の専門店が軒を並べ、すしや海鮮丼が味わえる店も。

1.「トマトにあうカツオ」650円他(イリタ清水商店) 2.「ミナミマグロブロック」(100g)1000～1400円(カネトモ)

☎ 0120・82・1137
- 焼津市八楠4-13-7
- 営業／9:00～17:00
- 休み／水曜は約30店が休業
- 交通／JR焼津駅からバス12分徒歩7分、東名焼津ICから車で1分
- 駐車場／あり

焼津漁協直販店 ヤイヅツナコープ
やいづぎょきょうちょくはんてん ヤイヅツナコープ

赤身、中トロ、大トロ 焼津ミナミマグロをブロック買い

焼津魚市場のセリ権を持ち、赤いダイヤと呼ばれる天然ミナミマグロを一本買い。赤身、トロ付きのブロックや刺身の他、胃袋、ヘソ（心臓）、卵などの希少部位に出合える。旧焼津港（中港）に旧港前店がある。

1.「ミナミマグロ赤身ブロック」(100g)400円～ 2.「ミナミマグロ大トロ付きブロック」(100g)780円～

☎ 054・629・7388
- 焼津市鰯ヶ島136-26 うみえ～る焼津1F
- 営業／8:00～17:00
- 休み／月曜(祝日営業、翌日休み)
- 交通／JR焼津駅からバス10分徒歩3分、東名焼津ICから車で10分
- 駐車場／あり

企画・編集　静岡新聞社 出版部

スタッフ
海野しほこ　太田正江　梶歩　権田記代子　佐々木透
瀧戸啓美　忠内理絵　永井麻矢　御宿千香子　水口彩子

カメラ
塚原勝二　松井仁美　依田崇彦

デザイン・制作
komada design office
塚田雄太

本書の取材・制作に当たりアンケートや画像提供にご協力いただいた各漁協、市町観光協会および観光課、商工会、関連団体など関係各位に厚く御礼申し上げます。

ぐるぐる文庫Special
さかな三昧 港町で評判の魚がうまい店
2018年7月20日　初版発行

著　者　静岡新聞社
発行者　大石　剛
発行所　静岡新聞社
〒422-8033　静岡市駿河区登呂3-1-1
TEL 054-284-1666

印刷・製本　大日本印刷株式会社

ISBN978-4-7838-2604-0 C0036